中公新書 2628

澤井康佑著

英文法再入門

10のハードルの飛び越え方

中央公論新社刊

はじめに

　ほとんどの人が，中学・高校の6年間で英語を本格的に学びます．ところが「自分は英語が得意だ」という気持ちをもって，あるいは「あとは自分でどんどん勉強を進めていける」という好感触とともに高校を卒業する人は，ほんのわずかです．圧倒的多数の人たちは，英語に対する苦手意識をもちながら高校生活を終え，その後も決定的な打開策が見つからずに，それでも高い英語力への憧れが断ち切れず，いろいろな教材や学校に救いを求めながら，もがいているという状況にあるようです．

　本書は，このような状況から抜け出すための本です．具体的には，たとえば英字新聞やネット上の英文記事などを読みこなせるようになりたい，あるいは英語で自由に発言できるようになりたいという志をもちながらも，何をどこから手をつけていいのかわからないまま思い悩んでいる方々が，自信をもって英語を本格的に学び直すための本です．

　さて，英語が苦手であるという事実の背後には，当然，原因があります．そして，その原因を見つめることこそが，最初に取り組まなければならない課題であるはずです．この本では，多くの人が英語に悪戦苦闘した原因のうち，大きな2つのものにスポットを当て，10回の講義を通じて，皆さんの英語に対する苦手意識を取り除いていきます．

1つ目の原因は，日本語を母語としているからこそ生じるものです．これまで私は，英文解釈の指導において，特に難しい部分は和訳をしてもらうよう心がけてきました．真正面から英文和訳の作業に取り組めば，自分がどこで躓（つまず）いているかを正確に把握できます．そして多くの方にこの作業をしてもらう中で，気づいたことがあります．

　それは，多くの学習者が難しいと感じる箇所は，**日本語と英語との間で，文法規則が大きく異なる部分である**ことが多いということです．日本語―英語間のルールのギャップが激しいと，それについていけないのです．

　本書では，そのギャップのうち，特に重要なものを紹介していきます．英語と日本語の大きな隔たりを，先回りして知っておけば，間違いを未然に防げる可能性が高まるのです．

　2つ目の原因は，英語の教え方です．日本の英語教授法は，全体としては極めて優れたものです．ただやはり，少なからず改善すべき点があります．**理想的とはいえない方法で習ったために理解できないまま**，という項目が皆さんにはいくつもあるのです．これらについて，まずは第1講の「オリエンテーション」でじっくり解説しましょう．

　本書は270ページほどの小著ですが，密度を徹底的に濃くすることにより，今後の飛躍のための最高の起爆剤となるよう心がけました．また随所に日本語との比較という視点を入れることにより，楽しみながら，納得しながら読み進められるようにしました．どうぞ大きな期待とともに10回の講義にお付き合いください．

澤井 康佑

CONTENTS

はじめに …………………………………………………………………… i

| 第1講 | オリエンテーション ……………………… I

英語が難しい2つの原因　　　　　　　　　　　　　　I
英語が外国語であることに求められる原因　　　　　I
英語の特徴を知ることによる問題解決　　　　　　　2
教え方に求められる原因　　　　　　　　　　　　　5
真の入門書であるための絶対条件　　　　　　　　　8
本書の読み進め方　　　　　　　　　　　　　　　　9
本書の目標　　　　　　　　　　　　　　　　　　　9
努力が実を結ぶ世界　　　　　　　　　　　　　　　10
ゼロからの学習ではない安心感　　　　　　　　　　11

| 第2講 | 名詞
その想像を絶する緻密な用法 ……………… 13

§1　日本語は複雑，英語も複雑　　　　　　　　　　13
元・巨人の四番が選ぶ球界ベストナイン　　　　　　13
日本語の呼称における"年功序列"　　　　　　　　　14
日本語の一人称，二人称の複雑さ　　　　　　　　　15
語学は「お互いさま」の世界　　　　　　　　　　　16
名詞には可算名詞と不可算名詞がある　　　　　　　16

§2　可算名詞と不可算名詞，それぞれの用い方　　　17
a X, Xs, X の使い分け　　　　　　　　　　　　　　17
不可算名詞が主語である文についての注意点　　　　19
the, this, that, 所有格の代名詞の用い方　　　　　　20

these と those 23

決まった表現としての "the X", "Xs" 23

many, much, a lot of, lots of, few, little の使い分け 26

§3 可算名詞と不可算名詞の特徴 27

可算名詞と不可算名詞の違い 27

「抽象」という概念 28

可算名詞と不可算名詞の区別に関する注意点 30

同じ語でも可算／不可算の両方で用いられる 31

種類であるかで生じる可算／不可算の違い 33

具体性が薄れることによる不可算名詞への転化 34

不可算名詞の「数え方」 36

§4 言葉を学べば世界が見える 38

話者の世界観の反映としての可算／不可算 38

英文を読むことは，名詞の用い方を学ぶこと 40

bird, fish, insect と鳥，魚，昆虫 42

第3講	**5 文型** "日本語→英語変換マシーン" ……………… 45

§1 すべての英文は 5 文型に分けられる 45

漢文の「訓点」の効力 45

日本人が新たに生み出した "日本語への変換マシーン" 48

5 文型についてまず知るべきこと 49

5 文型の型 50

5 文型の訳し方 51

英語と日本語の相性の良さ 51

5 文型の例文 52

文型の見抜き方 53

文型を見抜く 2 つのルート 55

第 4 文型と第 5 文型の区別の仕方 56

多義語というハードル 57

　　　英語の動詞の多義性　　　　　　　　　　　　　58
　　　英和辞典の文型表示　　　　　　　　　　　　　59
　　　5文型理論は日本の文化遺産　　　　　　　　　63

§2 修飾語と助動詞　　　　　　　　　　　　　　64

　　　文の複雑化のプロセス　　　　　　　　　　　　64
　　　修飾語とは　　　　　　　　　　　　　　　　　66
　　　修飾語が存在する文の対処法　　　　　　　　　68
　　　文を生み出す際の5文型，修飾語の知識の活用法　69
　　　修飾語についてまず知るべきこと　　　　　　　69
　　　助動詞とは　　　　　　　　　　　　　　　　　72
　　　〈設問〉の解答　　　　　　　　　　　　　　　73

第4講 | 現在完了
　　　　　日本語が失った「過去」と「完了」の区別 … 77

§1 日本語の「過去」と「完了」　　　　　　　　78

　　　現在完了の位置づけ　　　　　　　　　　　　　78
　　　現在完了を苦手とする人が多い理由　　　　　　78
　　　日本語では「過去」と「完了」が一緒になった　79

§2 英語の現在完了　　　　　　　　　　　　　　82

　　　意味の分類の不適切さ　　　　　　　　　　　　82
　　　出来事動詞と状態動詞　　　　　　　　　　　　83
　　　出来事動詞が用いられた現在完了　　　　　　　83
　　　オプションとしての「完了」と「経験」　　　　86
　　　同じ動詞がもつ「出来事」と「状態」の側面　　90
　　　「恋しちゃったんだ」の英訳　　　　　　　　　93
　　　現在完了の意味を取り込みつつある過去形　　　94

第5講 | 受動態
発想の違いが引き起こす困難 ················ 99

§1 英語の受動態の基本3パターン 99
受動態とは何か 99
受動態が苦手な人の多い理由 100
第3文型の受動態ばかり学習しがち 101
「能動態→受動態」のプロセス 101
第3文型の受動態 102
第4文型の受動態 103
第5文型の受動態 105
場数を踏むこと，慣れることの大切さ 106

§2 「SVO＋前置詞＋名詞」の受動態 107
基本的な前置詞の意味の多さ 107
1つの名詞を求める動詞 109
2つの名詞を求める動詞 109
3つの名詞を求める動詞 111
3つの名詞を求める動詞が用いられた文の受動化 113

§3 日本語では「非受動態」でも，英語では受動態 116
受動態の文を作る際のもう1つのハードル 116
主語に立てる名詞が「する側」か「される側」か 117
「なる→される」への転換 118
「〜（し）ている」→「〜されている」への転換 121
〈設問〉の解答 124

第6講 | 疑問文
正しく分類することの尊さ ················ 131

§1 英語の疑問文 131
平叙文と疑問文 131

疑問文の教え方の不適切さ 132

疑問文の最初の2分類 134

yes-no疑問文（文中にbe動詞または助動詞がある場合） 135

yes-no疑問文（文中にbe動詞も助動詞もない場合） 136

疑問詞疑問文の分類 138

① S（主語）を尋ねる疑問文 138

② C（補語）を尋ねる疑問文（Cが名詞） 140

③ O（目的語）を尋ねる疑問文 141

④ 前置詞のO（前置詞の目的語）を尋ねる疑問文 142

⑤ 名詞修飾語を尋ねる疑問文 144

⑥ 場所，時，方法，理由を尋ねる疑問文 146

⑦ 形容詞の程度を尋ねる疑問文 147

⑧ 副詞の程度を尋ねる疑問文 150

⑨ C（補語）を尋ねる疑問文（Cが形容詞） 150

§2 名詞節 152

従位接続詞 152

名詞節のthat節 154

疑問文を名詞節にする従位接続詞 155

〈設問〉の解答 160

第7講 | 関係詞
日本語を出発点に学ぶことの効能 161

§1 関係代名詞が形成する形容詞節 161

日本語の形容詞節 161

(1) 主格の関係代名詞 who, which, that 165

(2) 目的格の関係代名詞（動詞の目的語） 167

(3) 目的格の関係代名詞（前置詞の目的語） 169

(4) 所有格の関係代名詞 173

文に組み込む作業 176

目的格の関係代名詞の省略 179

§2 関係副詞が形成する形容詞節　　182

関係副詞 where　　182
関係副詞 when　　184
関係副詞 why　　186
関係副詞を用いて文を作る練習　　187

§3 副詞節　　189

動詞修飾語としてはたらく副詞節　　189
形容詞修飾語としてはたらく副詞節　　192

第8講 | to不定詞句
英文法の最難関!?　　195

§1 さまざまな to不定詞句の用法　　195

従属節と準動詞句　　195
to不定詞句のイメージ図　　198
(1) 名詞的用法（S，C，O，前置詞のO）　　199
(2) 形容詞的用法（名詞修飾語）　　201
主格の関係代名詞節に相当するもの　　202
目的格の関係代名詞節に相当するもの　　204
その他のもの　　205
(3) 副詞的用法（動詞修飾語）　　206
(4) 副詞的用法（形容詞修飾語）　　207
感情の原因，判断の根拠を表すもの　　208
to不定詞句の内部でOが欠けている場合　　208
その他のもの（成句的表現）　　209

§2 to不定詞句の難しさ　　211

同一の形のまま多くの意味になる難しさ　　211
自力で主語を読み込まなければならない苦しさ　　212
助動詞を置けないことによる意味の曖昧さ　　213
〈設問〉の解答　　215
to不定詞句の用法の一覧と品詞の多様性　　216

第9講 | ing句と過去分詞句
to不定詞句のライバルたち ……………… 219

§1 ing句   219
　ing句の形   219
　(1) S, C, O, 前置詞のOとしてはたらくing句（動名詞）   221
　(2) 名詞修飾語としてはたらくing句   223
　(3) 動詞修飾語としてはたらくing句（分詞構文）   225
　(4) 形容詞修飾語としてはたらくing句   229
　ing句の用法の一覧と品詞の多様性   231

§2 過去分詞句   231
　過去分詞形が用いられる2つの場面   231
　過去分詞句の形とはたらき   232
　(1) 名詞修飾語としてはたらく過去分詞句   233
　(2) 動詞修飾語としてはたらく過去分詞句   234

第10講 | 第5文型
「SV＋文」の多様な世界 ……………… 239

§1 「SV＋文の内容」の表し方   240
　文を求める動詞   240
　母語話者の記憶量の多さ，記憶のたしかさ   242
　英語に関して見えてくる課題   242
　SV＋that節   243
　SV＋名詞＋to不定詞句   243
　SV＋名詞＋原形の動詞 …   245
　SV＋名詞＋ing句   247
　SV＋名詞＋過去分詞句   248

§2 第5文型の豊かさ   251
　第5文型とは何か   251

「ＳＶ＋that節」と，ＳＶＯＣ（Ｃが名詞／形容詞）の関係　253
「ＳＶ＋文」を表現する型のまとめ　255
暗記の大切さ　256
日本語の複雑さ，英語の複雑さ　257
英和辞典の素晴らしさ　258
逆流のない，進歩のみの世界　263
日本の語学関連書籍のレベルの高さ　264

講義を終えて ……………………………………… 265
　４つの課題　265
　実践力の養成　265
　英作文力の強化　266
　読解力の強化　266
　会話表現の蓄積　267
　文法力の強化　268
　単語力の強化　270
　「大人の学習」の良さ　270

巻末補足：過去分詞形について ……………………… 273

第1講 │ オリエンテーション

▍英語が難しい2つの原因

　1回目の講義は「オリエンテーション」です．ここで本書の方針や内容を詳しく知ることにより，スムーズに第2講以降に入っていくことができます．

「はじめに」で述べた通り，英語を得意科目にしたうえで大学生，専門学校生，社会人になっている方はほんの一部です．このような事態となっている原因として，主に次の2つが挙げられます．

　　⑴ 英語が外国語であることに求められる原因
　　⑵ 教え方に求められる原因

　それぞれを具体的に説明していきましょう．

▍英語が外国語であることに求められる原因

　まず⑴ですが，これは要するに，英語が外国語であるという事実から発生する難しさです．日本語と英語では，言語の系統が全く異なり，また，文化，風習，宗教なども，いろいろな点で違いがあります．日本語話者にとって英語は，全くといっていいほど異質の言語なのです．

　私たちの大半は，同じ日本語の，時代がズレただけの言葉である「古文」ですら，あまり（あるいは，ほとんど）

読めないまま高校生活を終えます．外国語である英語の習得が困難なのは当然のことなのです．

　さて，日本語と英語が互いに大きく異なる言葉だという事実は動かしようがありません．すると，この(1)については何も対策を講じられないということになりそうです．ところが実はそうでもないのです．

▋ 英語の特徴を知ることによる問題解決

「英語は難しい」で止まるのではなく，「英語という言語は，こういう特徴をもち，このように難しい言葉だ」ということを知れば，英語を理解したり，用いたりする際の武器になります．つまり，「英語はこういう特徴をもつ言語だからこそ，こういう点に気をつけながら理解し，使おう」という心構えで英語に接することができるのです．この結果，多くの間違いを避けることができます．

　1つ具体例を示しましょう．まずは次の文の意味を考えてみてください．run away は「逃げ去る」という意味です．

　　The instant he saw me, he ran away.

　instant は，多くの人が「即座の」という意味の形容詞として覚えています（形容詞とは，名詞を修飾する機能をもつ語です．他の機能については第3講で扱います）．ただ，この語をその意味で解釈し，文を強引に訳すと「その即座の彼は私を見た．彼は逃げ去った」となり意味不明です．

さてここで仮に，この文の解釈に迷った人が，英語がもつ大きな特徴として，次の事実を知っていたとします．

> 英語は同じ形のままで，複数の品詞になる語が極めて多い言語である．

品詞とは，文法上のはたらきごとに分けた単語のグループで，具体的には「名詞」「動詞」「形容詞」「副詞」などのことです（より詳しくは，第 2 講以降で説明していきます）．

上のワクの中のことについて，具体的に説明しましょう．次の 4 文を見てください．

① I will <u>dance</u> with Meg tonight.
　　（僕は今晩はメグと踊るつもりだ）
② Her <u>dance</u> was graceful.
　　（彼女の踊りは優雅だった）
③ He was standing on a <u>dark</u> street.
　　（彼は暗い通りに立っていた）
④ We walked in the <u>dark</u>.
　　（私たちは暗闇の中を歩いた）

①と②では同じ dance という語が用いられていますが，①の dance は，助動詞 will の後ろにあることから動詞だとわかります．「踊る」という意味です．一方，②の dance は主語として用いられている名詞であり，「踊り」という意味です．

③と④にも，同じ語 dark がありますが，③の dark は形容詞の「暗い」であり，④の dark は名詞の「暗闇」です．

日本語では，品詞が異なれば単語の形も異なるのが原則です．「踊る」と「踊り」，「暗い」と「暗闇」というように，明らかに別の語です．したがって，与えられた文で，どの語がどの品詞として用いられているかは明白です．

ところが英語では事情が異なります．dance のような「動詞かつ名詞」の語や，dark のような「形容詞かつ名詞」の語，つまり，同じ形のままで複数の品詞として用いられる語が数多くあるのです．

さて，英語の品詞に関するこの事実を知っている人は，先ほどの文の解釈に悩んだ際に，「ひょっとすると，この instant は形容詞ではないんじゃないか．別の品詞である可能性があるのではないか」と疑うことができます．そして辞書で instant を引くと，たとえば『グランドセンチュリー英和辞典』（三省堂）には，the とともに用いられた instant に関して次のような記述を見つけることができます．

《接続詞的に》.. するとすぐに

つまり上の文の instant は，「即座の」という意味の形容詞ではなく，「〜するとすぐに」という意味の，実質上の接続詞なのです（接続詞は，主に文と文をつなぐ機能をもった語です）．

以上から，The instant he saw me, he ran away. は「彼は私を見るとすぐに，走り去った」という意味だというこ

とになります.

　このように,英語の特徴についての知識があれば,問題解決のための手段になりうるのです.本書では,日本語話者にとってのハードルとなる英語と日本語の違いのうち,特に重要なものを紹介していきます.読了後の皆さんは,その違いを意識しながら英語を眺められるようになります.これは極めて大きな進歩です.

▍教え方に求められる原因

　次に(2)の「教え方に求められる原因」に話を移しましょう.日本で英語が本格的に教えられるようになって,100年以上の歳月が経ちます.この間,ほとんど絶え間なく,英語教授法を向上させるための研究と実践が行われ,この結果,私たちは莫大な量の成果をもとに英語を学ぶことができています.全体的に見れば,日本の英語教育法は質の高いものであり,かなり熟成された段階にまで達しているのです.多くの死守すべき尊い伝統があります.本書の中でも,この素晴らしさについて触れていきます.

　とはいえ,完璧ではないということもまた事実です.決して少なくない改良すべき点があるのです.そして,この不完全性もまた,多くの人が英語に手応えがつかめていない大きな原因となっています.

　1つ具体例で説明しましょう.まずは次の4文を見てください.

　　① He hopes to visit Canada.
　　　（彼はカナダに行くことを望んでいる）

② They enjoyed <u>reading the book</u>.

（彼らはその本を読むことを楽しんだ）

③ I know <u>that Tom has a car</u>.

（私はトムが車を持っていることを知っている）

④ My father published a book <u>when I was a child</u>.

（父は私が子供のときに本を出版した）

　下線部に着目してください．①は to 不定詞形（原形の前に to が加わった形）の動詞から始まるまとまりです．②は ing 形の動詞から始まるまとまりです．この①や②の下線部のようなものを「準動詞句」といいます．

　一方，③と④の下線部は「that＋文」「when＋文」です．それぞれ that と when がまとまりを作っていますが，これらの後ろには，主語の備わった文があります．この③や④の下線部のようなものを「従属節」といいます．

　英文法の学習では一般に，この準動詞句や従属節のような「まとまり」の学習に大きな力点が置かれます．このこと自体は正しいのですが，現在の通常のカリキュラムでは，その学習順序に問題があります．

　一般に「短い＝取り組みやすい」「短い＝簡単」という発想がありますが，この考え方を反映してなのか，日本のほぼすべての英語学習プログラムでは，短い準動詞句を先に扱い，その後に長い従属節を扱います．

　ところが，この順序で学ぶことにより，準動詞句の理解が難しくなってしまいます．準動詞句はたしかに短いのですが，そのぶん，自分で情報を補いながら理解しなければならないので，実は逆に難しいものなのです．

　このことを，次の2文を見比べることによって検証してみましょう.

　⑤ After <u>cleaning the room</u>, she drank coffee.
　⑥ After <u>she cleaned the room</u>, she drank coffee.

　いずれも「その部屋を掃除したあと，彼女はコーヒーを飲んだ」という意味の文ですが，⑤と⑥では，after の後ろ（下線部）の情報の明確さが異なります.

　⑥は after の後ろが she cleaned the room という文です. 主語の she が含まれているので，部屋を掃除した人が誰なのかが，前半を読んだ時点でわかります. また，clean が過去形で用いられているので，「過去のことだ」とわかりながら前半を読み進むことができます.

　一方の⑤では，後半の she を見るまで，誰が掃除をしたのかわかりません. また，clean が ing 形なので，これがいつのことなのかもわかりません. 後半を見てようやく「行為者は彼女なんだな」「過去の出来事なんだな」とわかります.

　このように⑤の文は，前半の段階では，動作の主体も時もわからないまま読み進め，後半でようやく情報が満たされます. 一種の試練に耐えながら読まなければならないのです. 長く，情報が豊かな従属節に比べて，短い準動詞句が，その情報の少なさのために，難しくて面倒なものであるということが，このペアからよくわかります.

　どの科目であっても，カリキュラムを組み立てる際には，「易→難」の順に置くのが大原則です. 準動詞句と従属節

を学ぶ順序は「従属節→準動詞句」が理想なのです．ところが現在の大半のカリキュラムでは，逆の「準動詞句→従属節」の順になっています．この結果，準動詞句の攻略に大きな障害が出てしまっています（本書では，まず従属節を丁寧に扱ったうえで，準動詞句に入りますのでご安心ください）．

このように，学習者の理解を妨げている原因が，カリキュラムの不備にあることが決して少なくないのです．本書では，従来からの日本の英語教授法に対して多大な敬意を払いつつも，いくつもの修正すべき点を指摘し，改良案を示します．そして，少しでも多くの人が一つひとつの記述に納得しながら英語を学ぶことができ，大きな手応えと未来への希望が得られるように講義を進めていきます．

▌ 真の入門書であるための絶対条件

一般に「入門書」というと，広く浅い本，という感じがするかもしれません．しかし広く浅いものは，残念ながら救いにはなりえません．

風船を思い浮かべてください．軽い力で表面を撫でるだけでは，何周しようと，また誰の手であっても，風船は割れません．広く浅い学習はまさに，「風船を撫でている状態」です．なぞるだけなので，中に入り込めず，「英語は難しい」「よくわからない」のまま止まってしまいます．

入門を果たすというのは，風船が割れるような事態です．そのためには，一定の圧を伴う学習を行わなくてはなりません．肝となる理屈・理論の部分から逃げることなく，かなりの深さを伴った学びを進めることにより，生半可では

ない知識が手に入ったという手応えと自信が生まれ，その後の発展につながります．

▌本書の読み進め方

　本書は順に読まれることを想定して執筆してあります．「最もシンプルな記述から始まり，文が徐々に複雑になっていく」という記述にしてありますが，それぞれの講義の独立性も保たれています．

　したがって，特に自分が知りたい部分から読むことも可能です．たとえば「関係代名詞」は，多くの英語学習者が苦手としている項目です．ところが日本語の知識を出発点にすれば，驚くほど簡単に，あっけなく理解できてしまいます．関係代名詞が苦手な方は，まずは第7講を読んでください．「自分にも関係代名詞は理解できるんだな．学び方しだいで，自分もちゃんと英語力をつけていけるのだな」という自信を得て，その勢いとともに他の講義に進んでいくとよいでしょう．

▌本書の目標

　「はじめに」で，本書は「自信をもって英語を本格的に学び直すための本です」と述べましたが，このことをより具体的に説明します．本書には明確な使命があるのです．

　皆さんはこれまでの学校生活で，何百，何千という回数の英語の授業を受けてきています．また，多くの試験も受けてきています．この結果，決して少なくない英語の知識があるのです．「英語は苦手だった」「英語が好きではなかった」「意欲的な生徒ではなかった」というような方々も，

実は自己のうちに尊い蓄積を秘めているのです．ここに目を向けないのはもったいないかぎりです．

現在の皆さんの英語力を飛行機にたとえると，「飛べないものの，機体の多くのパーツは存在している」という状況だといえます．

プロペラが曲がっていたり，翼に穴があいていたり，エンジンのプラグが抜けていたり，タイヤの片方がなかったり，というような状態ではあるものの，ちゃんと胴体はあるのです．あとはそれぞれの部分を修理し，足りないパーツを補えば，とりあえず飛べるようになります．塗装のはがれや，こまごまとした内装はあとでいいのです．まずは飛べるようになりましょう．これが本書の目標です．そしてこの「飛べる」とは，具体的には以下のことです．本書読了後は，次のような状態になるのです．

英会話，英作文，英文読解，英文法，いずれのジャンルの書籍や講座も，上級のもの以外は主体的に取り組むことができる．

▌努力が実を結ぶ世界

戦前と戦後，つまり1945年を境とした日本の英語指導の方針の最も大きな違いは，「文法重視」と「文法軽視」です．言語を理解し，使いこなすためには，その言葉のルール（文法）の習得が決定的に大切なのですが，戦後の英語学習ではこれに重きが置かれていないのです．

文法軽視の風潮の中で，なんとなく英語を学んできた方が，英語が苦手なままでいるのは当然の帰結です．今まで

英語が苦手だったとしても，過度に自分を責めないように
してください．本書の内容をマスターすることにより，必
ず変わることができます．

　英語学習の世界は，甘い世界ではありませんが，逆に厳
しすぎる世界でもありません．英文法の核心をマスターす
れば，あとはそれを土台にして，どんどん伸びていくこと
ができます．努力が確実に実を結ぶ世界なのです．

　なお本書の最後には，この本を読み終えたあとの学習法
の指針と推薦図書を記しました．これにより，読了後の学
習に迷いが生じないようにしてあります．

ゼロからの学習ではない安心感

　先ほど述べた通り，皆さんは，英語の断片は数多くもっ
ています．本書は，その断片のうち，修正が必要なものに
は修正を施し，足りないものは補うというスタンスです．
「ゼロからの入門」ではなく，皆さんがすでにおもちのも
のを尊重しつつ，それを強化するという叙述なので，無理
なく読み進められます．難しい記述はありません．安心し
て取り組み，英文法の核心をしっかりとつかみとってくだ
さい．

　1日に1講を読んだとして10日，2日に1講でも3週間
ほどで読み終わります．仮に苦しくなったらペースを落と
せばいいのです．途中で諦めてしまわないことだけを心が
けて，どうぞ最後までお付き合いください．

　では本格的な講義に入っていきましょう．

第2講 | 名詞

その想像を絶する緻密な用法

〈設問〉

　次の英文には誤りがあります．その下の和訳にふさわしい文に改めてください．解答はこの第2講の講義の中で示します．

(1) She changed train at Kyoto Station.
　　（彼女は京都駅で電車を乗り換えた）
(2) She bought some furniturs at the store.
　　（彼女はその店で家具をいくつか買った）

---

§1 日本語は複雑，英語も複雑

▌元・巨人の四番が選ぶ球界ベストナイン

　プロ野球・横浜大洋ホエールズ（現・横浜 DeNA ベイスターズ）で名二塁手として活躍された高木 豊 氏のYouTube チャンネル『BASEBALL CHANNEL』には，数多くの興味深い動画がアップロードされています．その1つに，長きに亘りジャイアンツの主軸を務めた阿部慎之助氏が，現役時代に縁のあった選手のうち，ポジション別に優れた選手を選び出す，というものがあります（「【阿部慎之助】歴代ベストナインを組んでもらった！」）．

13

この中で阿部氏は，各ポジションで最高だと思った選手を次のように答えています．「　」内が阿部氏の実際の発言です．その右に，それぞれの選手の詳しい情報を記してあります（敬称略）．

捕　　手：「谷繁さん」谷繁元信（1970年生まれ）
一塁手：「清原さん」清原和博（1967年生まれ）
二塁手：「菊池」菊池涼介（1990年生まれ）
三塁手：「中村ノリさん」中村紀洋（1973年生まれ）
遊撃手：「井端さん」井端弘和（1975年生まれ）
　　　　「小坂さん」小坂誠（1973年生まれ）
　　　　「宮本さん」宮本慎也（1970年生まれ）
外野手：「柳田」柳田悠岐（1988年生まれ）
　　　　「鈴木誠也」鈴木誠也（1994年生まれ）
　　　　「丸」丸佳浩（1989年生まれ）
　　　　「亀」亀井善行（1982年生まれ）
　　　　「松本」松本哲也（1984年生まれ）
投　　手：「大谷くん」大谷翔平（1994年生まれ）

▌日本語の呼称における"年功序列"

ここで注目してほしいのは，その人選ではなく，呼び方です．阿部氏は1979年生まれですが，自分より学年が上の選手は，必ず「さん」づけです．逆に自分よりも年下であれば，一人も「さん」をつけていません．呼び捨てが原則で，他はニックネーム（「亀」）か「くん」づけです．

このような，学年による呼び方のほぼ絶対的な区別というのは，何もプロ野球の世界だけではなく，日本のほかの

プロスポーツの世界でも同じでしょうし，また，皆さんの学生時代も同じであったはずです．

　部活動をしていた方は当時のことを思い出してみてください．先輩を呼び捨てで呼ぶ，などということはありえなかったはずです．また，男性の場合は，後輩を「さん」づけで呼んだこともまずなかったのではないでしょうか．

　このような呼び方を徹底するための前提として，たとえば自分がプロ野球選手であれば，全12球団の各選手の学年を記憶していなければなりません．そして，ヒーローインタビューなどで他選手の名を挙げる際には，一瞬のうちに自分よりも学年が上か，それとも同学年以下かを判断し，上であれば「さん」を添えて，同学年以下であれば呼び捨てか「くん」づけで呼ぶのです．

　ここまで呼称の"年功序列"が行き届いている社会は，世界でもまずないはずです．仮にアメリカのメジャーリーガーに「全選手の学年を記憶しているか？」と尋ねたら，ほぼ全員がノーと答えるに違いありません．

▌日本語の一人称，二人称の複雑さ

　呼び方における日本語の複雑さは，「さん」づけをするしない，に限ったことではありません．一人称，二人称についても同じです．英語では，単数の一人称は"I"のみです．二人称は"you"のみです．よって，相手と自分の関係がどのようなものであれ，自分のことは常にIといい，相手のことはyouといえばいいのです．

　ところが日本語では事情が異なります．一人称は，主要なものだけでも「私」「俺」「僕」「自分」「うち」などがあ

り，同様に二人称も「あなた」「きみ」「おまえ」「貴様」「あんた」などさまざまです．そして，常に自分と相手の立場の違いを見極め，距離を測り，無意識のうちにこれらを使い分けます．たとえば，男子学生が，同級生と先生の3人で話している場合など，友人相手の発言の場合は，一人称に「俺」を選び，先生には対しては「僕」を選ぶ，というような光景が見られます．

　二人称については，上のそれぞれに加えて，相手の名前や，血縁関係を表す言葉，あるいは役職名なども多用され，これらも含めて適切な二人称を選びます．「鈴木さんはネコは好きですか？」「おじいちゃん，いま忙しい？」「課長はどう思われますか？」というような具合です．

▌語学は「お互いさま」の世界

　以上のような日本語の他人の呼び方，人称に関する事実を知ると，多くの外国語話者は「日本語は複雑きわまりない言語だ」と感じるはずです．実際，大半の日本語学習者は，日本語の人称の使い分けに大きな困難を感じているようです．

　ただ，だからといって「日本語は，世界の言語の中でも特別に難解だ」「外国語として学ぶには，日本語は特に厄介な言葉だ」と結論づけるのは早急です．世界の各言語は，それぞれ難しさを抱えており，いわば「お互いさま」なのです．

▌名詞には可算名詞と不可算名詞がある

　英語には，日本語のこの呼び方，人称の複雑さに匹敵す

る文法項目があり，それは名詞の「可算／不可算」の区別
です．

　英語では，「1つ，2つ，3つ，…」というように，数
えられる名詞は countable noun（**可算名詞**）と呼ばれ，数
えられない名詞は uncountable noun（**不可算名詞**）と呼
ばれます．英和辞典では，可算名詞には C のマークが記
載されており，不可算名詞には U のマークがあります．
それぞれの頭文字を記号化したものです．

　正しい英文を生み出すためには，この2つを正確に使い
分けなければならないのですが，そのためには，次のこと
を知る必要があります．

---

(1) 可算名詞と不可算名詞の用い方
(2) 可算名詞と不可算名詞の違い

　具体的に話を進めていきましょう．(1)は①〜⑤の5つに
分けて説明していきます．

§2　可算名詞と不可算名詞，それぞれの用い方

▌a X, Xs, X の使い分け

　まずは「(1) 可算名詞と不可算名詞の用い方」の①です．

---

①a X, Xs, X の使い分け
　• 可算名詞（これを X とします）は，単数（1つ）
　　であれば，冠詞の a を加えて「a X」の形で用い，
　　複数（2つ以上）であれば「X<u>s</u>」の形で用いる．

- 可算名詞を裸のまま（辞書の見出しに記載されている形のまま）用いることはない．
- 不可算名詞（これをXとします）は，a, -s を加えずにXのまま用いる．

　たとえば dog（犬）は，1匹，2匹，…と数えられる可算名詞です．したがって，次のような文はゆるされません．

　　I love dog. …… ×

　これは「私は犬が大好きだ」という意味のつもりで書いた文ですが，可算名詞を裸のまま用いることはできないのです．述べたい内容ごとに，1匹なのか2匹以上なのかを考え，1匹なら a dog，2匹以上であれば dogs という形にします．
　ちなみに，初級者が可算名詞について犯す誤りのうち，最も典型的なものは，上のように「可算名詞を裸のまま使ってしまう」というものです．このミスをしてしまう原因は「日本語では，名詞を用いる場合に，いちいち単数か複数かを明確にしないまま，裸のままで用いる」という点にあるといえます．
　たとえば窓の外を眺めていて，「何が見える？」と問われたときに，鳥がいるということを伝えたいとします．仮にその鳥が1羽でも，2羽以上でも，私たちは大半の場合，「鳥がいる」としか答えないはずです．わざわざ「1羽の鳥がいる」「3羽の鳥がいる」というような言い方をすることは少ないのです．表現したい名詞について，数を把握

し，それを相手に伝えるということへの執着が，日本語は英語に比べて低い言語だといえます．

　そして，英語を用いる際にもこの"意識の低さ"を持ち込んでしまい，「私は犬が大好きです」と伝えるつもりでI love dog. などといってしまいがちなのです．しかし，犬という動物が好きな人にとって，好きな犬の数は複数なので，I love dogs. としなくてはなりません．

　また，「彼女は京都駅で電車を乗り換えた」というような場合も，乗り換えた以上，関わった電車は複数なのでShe changed trains at Kyoto Station. としなくてはなりません．日本語では「彼女は京都駅で電車どうしを乗り換えた」「彼女は京都駅で電車たちを乗り換えた」などとはいいませんが，英語ではtrain が可算名詞であり，関わった電車が複数なので，これを忠実に表現し，trains となるのです．冒頭の〈設問〉(1)の答えが出ました．

　これとは逆の点にも注意をしてください．不可算名詞にa や -s を加えると誤った文になります．たとえばwater（水）は不可算名詞ですが，水がほしいときに，どんなに莫大な量がほしかったとしても，waters とはなりません．あくまでも不可算名詞である以上，water は裸のまま用います．

▎不可算名詞が主語である文についての注意点

　ちなみに不可算名詞が主語の文では，用いる be動詞はis か was です．単数のものが主語である場合と同じなのです．どんなに量が多くても，are や were は用いないということに注意してください．

また，不可算名詞が主語である文で，**一般動詞**（be動詞以外の動詞）を用いる場合，現在形では動詞に -s を加える必要があります．例を示しましょう．

Light travel<u>s</u> fast. （光は高速で進む）

Acid rain destroy<u>s</u> forests.

（酸性雨は森林を破壊する）

travel と destroy に -s が加わっていることを確認してください．

▌the，this，that，所有格の代名詞の用い方

次に「(1) 可算名詞と不可算名詞の用い方」の②に入ります．

---

② the, this, that，所有格の代名詞の用い方
- 以下の〈語群A〉と〈語群B〉は，可算名詞，不可算名詞のいずれに対しても用いることができる．

〈語群A〉

the （その），this （この），that （あの）

〈語群B〉所有格の代名詞

my （私の），our （私たちの），your （あなたの，あなたたちの），his （彼の），her （彼女の），its（それの），their （彼らの，彼女らの，その人たちの，それらの）

> ● これらの語を単数の名詞に用いた場合，a は消える．

　冠詞の a は，可算名詞に対してのみ用いられます．ところが，上の〈語群 A〉〈語群 B〉の各語は，可算名詞，不可算名詞のいずれに対しても用いることができます．

　英語学習がある程度進んでいる人は，「a は可算名詞のみに用いる」ということを記憶しているのですが，この知識に引きずられて，the や my なども可算名詞のみに用いる，という意識をもってしまっている人が少なからず見られます．そして「the ＋不可算名詞」という表現や，「my ＋不可算名詞」などの表現を作ることを躊躇してしまうのです．つまり，「あれ？　the と不可算名詞って，一緒に使っていいんだっけ？」というような疑問を抱くことが多いのです．

　しかし，the bird（その鳥）という表現がゆるされるのと同じくらい，the water（その水）という表現はゆるされます．また，his pen（彼のペン）という表現と同様に，his courage（彼の勇気）という表現は自然な表現です．勇気は「1 つ，2 つ」というように数えるものではありません．不可算名詞なので，a courage はゆるされない表現ですが，his courage は全く問題のない表現です．

　さてここで，「彼の目は美しい」という文を英訳することを考えてみてください．考え終わったら，以下に進んでください．

　前のページのワクの中で，〈語群 A〉と〈語群 B〉について「可算名詞，不可算名詞のいずれに対しても用いるこ

とができる」と述べたのですが，可算名詞が複数の場合であっても，これらの言葉を加えることができます（ただし，this と that は不可）．この点にも注意をしてください．

　この知識をふまえたうえで，上の問題の答えを考えましょう．目は2つあるので，「彼の目」という表現は，eye の複数形である eyes に対して his を加えることによって得られます．正解は His eyes are beautiful. となります．

　一方，「彼の鼻は美しい」であれば，鼻は1つだけなので His nose is beautiful. となります．

　身体の部位という点では目と鼻は同じですが，数が違うので，英語話者はそれぞれの文を述べる際に，ほとんど無意識のまま，即座にその違いを判断し，形に表すのです．

　この his eyes のような形，つまり"〈語群B〉の語＋複数形の可算名詞"という形や，"the＋複数形の可算名詞"という形も，すんなりと作れない人が多いものです．the students（その学生たち），the birds（その鳥たち）というような表現も可能だということも，記憶に刻んでください．

　なお，次のような表現は存在しません．

　　the a bird …… ×
　　a the bird …… ×
　　this a car …… ×
　　a this car …… ×

　可算名詞に〈語群A〉〈語群B〉の言葉を加えた場合，a は消えるのです．

　また，〈語群 A〉と〈語群 B〉を同時に用いることもできません．たとえば日本語では「私のこの指輪」という表現はゆるされますが，my this ring や this my ring というような表現はありません（this ring of mine と表現します）．

█ these と those

「(1) 可算名詞と不可算名詞の用い方」の③に入りましょう．

---

③ these と those
these（これらの）と those（あれらの）は，可算名詞の複数形のみと用いる．

---

　this（この）と that（あの）は，20ページの〈語群 A〉にあります．これらの語は，単数の可算名詞と不可算名詞のいずれとも用いることができるのでした．

　一方，these（これらの）と those（あれらの）は，和訳からもわかる通り，複数のものを指し示す言葉です．したがって，後ろに置かれる名詞は，必ず複数形の可算名詞でなくてはなりません．つまり，たとえば these books（これらの本）や，those islands（あれらの島々）というような形でなくてはならないのです．

█ 決まった表現としての "the X"，"Xs"

「(1) 可算名詞と不可算名詞の用い方」の④に入ります．

④決まった表現としての "the X", "Xs"
一種の「決まり」として，the とともに用いる名詞や，複数形で用いる名詞がある．

the という語は，本来は，話者（書き手）と聞き手（読み手）の間で，指し示す対象がわかりあっている場合に用いるものです．たとえば家に1台しか車がない場合，家族に対して「今日，車を洗ったよ」と伝える場合は，どの車なのかわかりあっているので，a car ではなく the car という形で用います．

このような場合の the は，用いられている理由がすんなりと理解できるのですが，一種の「決まり」「慣例」として the が用いられる例も少なくありません．たとえば「京都駅」は Kyoto Station ですが，「京都新聞」は The Kyoto Shimbun です．the が要ります．富士山は Mount Fuji ですが，アルプス山脈は the Alps です．ここでも the が必要なのです．ほかにも，次のようなものに the を用います．

砂漠	例	the Sahara（サハラ砂漠）
海	例	the Indian Ocean（インド洋）
川	例	the Mississippi（ミシシッピ川）
運河	例	the Suez Canal（スエズ運河）
諸島	例	the Hawaiian Islands（ハワイ諸島）

このような the のうち，理屈で納得できるものも皆無ではないのですが，多くは「そう決まっている」と覚えてし

まうしかないものです．語学は，すべての現象を論理的に処理できるわけではありません．理論，理屈を大切にしながらも，同時に「そのまま記憶する」という**姿勢**も重要なのです．

　複数形についても同じことがあてはまります．たとえば circumstance という語を英和辞典で引いてみましょう．「通常複数形」「通例〜s」というような表記とともに，「状況」「事情」「環境」などの訳が示されています．ところが，circumstance と似た意味をもつ environment にはそのような表記はありません．すると「なぜ circumstance は複数形で用いなければならないのか？」という疑問が生じますが，これもやはり「そのように決まっている」と覚えるのが得策です．

　次の文の複数形も同じです（mean to 〜 は「〜するつもりだ」という意味です）．

　　I didn't mean to hurt her <u>feelings</u>.
　　（僕は彼女の感情を害するつもりはなかったんだ）

　このような場合の，「感情」を意味する feeling も，通常は複数形となります．そう決まっているのです．日本語の「マナー」に当たる英語も，manner ではなく manner<u>s</u> です．rich という語を「富」という意味の名詞として用いる場合も，rich<u>es</u> という形になります．辞書では rich<u>es</u> という語自体が見出し語になっています．

▌many, much, a lot of, lots of, few, little の使い分け

「(1) 可算名詞と不可算名詞の用い方」の⑤に入ります.

---

⑤ many, much, a lot of, lots of, few, little の使い分け

• many（多くの）は可算名詞とともに用いる.

• much（多くの）は不可算名詞とともに用いる.

• few（ほとんどない, 少ない）は可算名詞とともに
用いる.

• little（ほとんどない, 少ない）は不可算名詞とと
もに用いる.

•「多くの」という意味をもつ a lot of と lots of は,
可算名詞と不可算名詞のいずれとも用いることが
できる.

たとえば water は不可算名詞なので,「多くの水」と述べるには, many water ではなく, much water と表現します. 一方, たとえば bird は可算名詞なので,「たくさんの鳥」は many birds となります.

このように, many と much は使い分けが必要になるのです. ただ, a lot of と lots of を用いた場合は, 可算名詞と不可算名詞のどちらでも後ろに置くことができます.

many, much と同様に few, little も, 用いたい名詞が可算名詞と不可算名詞のどちらなのかがわかっていなければ, 正しく使用することができません.

§3　可算名詞と不可算名詞の特徴

▌可算名詞と不可算名詞の違い

　次に，「(2) 可算名詞と不可算名詞の違い」について説明します．そもそもどのようなものが可算名詞で，どのようなものが不可算名詞なのでしょうか．それぞれには，どのような特徴があるのでしょうか．

　大まかにいえば，「1つ，2つ，3つ，…」と数えられる名詞が可算名詞であり，そうでないものが不可算名詞なのですが，この2種類の名詞の違いをより詳しく説明すると，次のようになります．

［可算名詞と不可算名詞の違い］

〈違い1〉

可算名詞は，はっきりとした個として存在しているもの，具体的なもの．一方，不可算名詞は，特定の形をもたない物質や漠然としたもの，抽象的なもの．

〈違い2〉

可算名詞は「数」でとらえ，不可算名詞は「量」でとらえる．

　たとえばpencil（鉛筆）やwatch（時計）は，個として存在しており，数えることができます．これらは可算名詞です．

　一方，air（空気）やwater（水）は，特定の形をもたず，個として存在するものではありません．また，honesty

（正直さ）や courage（勇気）などは，漠然とした抽象的な名詞であり，これらも個として認識するものではありません．日本語でも「1つの正直さ」「2つの勇気」などとは，まずいいません．これらの語は不可算名詞です．

「数か量か」も，可算名詞と不可算名詞を分ける基準になります．たとえば pen は「1本，2本」と数えられるので可算名詞です．一方，air や water などは数えるものではありません．「空気の数」ではなく「空気の量」，水も「数」ではなく「量」です．これらは不可算名詞なのです．

　さて，上の基準ですべての名詞の可算／不可算が納得できればいいのですが，可算名詞であること，不可算名詞であることが納得しにくいものもあります．特に後者，つまり「なんでこの名詞が不可算名詞なのだろう？」という名詞が少なくありません．その代表例として，次のような語が挙げられます．

　　furniture（家具）
　　baggage（手荷物）
　　jewelry（宝飾品）

　家具も手荷物も宝飾品も，「1つ，2つ」と数えられます．それなのに不可算名詞であることは不思議な感じがします．どのような理由で，これらは不可算名詞なのでしょうか．

▌「抽象」という概念

　このような「意外な不可算名詞」の謎を解き明かすカギは，「抽象」という発想にあります．先ほど述べた通り，

honesty（正直さ），courage（勇気）などは抽象的な名詞
です．ほかにも，たとえば love（愛）や liberty（自由）
なども，いわゆる抽象名詞ですが，そもそも「抽象」とは
何でしょうか．
『精選 国語辞典　新訂版』（明治書院）で「抽象」を引く
と，次のように説明されています．

> いろいろの事物・観念から，共通している性質を抜き出
> して，一つの概念を作り上げること．

この内容は，次のように図式化できます．

この定義をふまえたうえで，家具というものについて考
えてみましょう．イスも机もテーブルもタンスも「家に備
えて使う，比較的大きな道具」という性質を共通してもっ
ています．そしてこの性質をまとめた概念，言葉が「家
具」です．イスや机やテーブルなどの言葉と，家具という
言葉の関係は，次のように示すことができます．

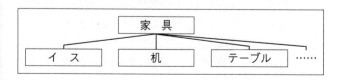

つまり家具は，抽象的な概念と同じ位置づけでとらえることができるものなのです．

そしてこれは英語でも同じです．だからこそ，furniture は不可算名詞として用いられます．〈設問〉(2)の furnitures は，furniture に改める必要があるのです．

一方の chair（イス），desk（机），table（テーブル）は，いずれも可算名詞です．

baggage も同じです．個々の具体的な手荷物は，可算名詞である bag（バッグ），suitcase（スーツケース），trunk（トランク）などいろいろあります．そして，それをまとめる言葉が baggage です．これは不可算名詞です．

同様に，jewelry（宝飾品，アクセサリー）は不可算名詞であり，これの具体例である可算名詞の ring（指輪），necklace（ネックレス），earring（イヤリング）などをまとめる言葉です．

ただ，他の「まとめる言葉」がすべて不可算名詞になるかというとそうでもなく，たとえば insect（昆虫）は，いろいろな虫をまとめた言葉だというとらえ方ができますが，これは可算名詞です．

可算名詞と不可算名詞の区別に関する注意点

このように，可算名詞と不可算名詞の線引きは，明確に白黒のつくような話ではないのですが，特に注意すべきポイントとして，次のことを知っておいてください．

(1) 同じ語でも，意味によって可算名詞と不可算名詞を使い分けるものがある．

(2)「種類であるか否か」によって，可算名詞と不可算名詞を使い分けるものがある．

(3) 可算名詞であっても，「物体」としての意味が薄れている場合は，しばしば不可算名詞となる．

それぞれを説明していきます．

▌同じ語でも可算／不可算の両方で用いられる

まずは，次の2文の意味を考えてみてください．

① He starts <u>work</u> at ten in the morning.
② This is <u>a work</u> by Shakespeare.

①の work は「仕事」という意味の不可算名詞です．仕事は「仕事数」よりも「仕事量」のほうがしっくりとくる，という点からも不可算名詞だというのは納得しやすいはずです．文の訳は「彼は朝10時に仕事を始める」となります．

一方，②の work は「作品」という意味です．作品は「1つ，2つ」と数えられるものであり可算名詞です．上の文でも，a とともに用いられていることを確認してください．文の訳は「これはシェークスピアの作品だ」となります．

このように，同じ語でありながら，可算名詞としても不可算名詞としても用いられ，それぞれで意味が異なるものがあるのです．

このような名詞は，意味の読み取りが面倒です．文の中で work という語に出会ったら，この語が可算名詞の「作

品」の意味なのか，不可算名詞の「仕事」の意味なのかを，a や -s の有無をもとに判断しなくてはなりません．

逆に，自分が書いたり話したりする場合には，可算名詞と不可算名詞それぞれの，正しい用法に従って用いなければなりません．

他の例も見ましょう．それぞれのペアの上段が可算名詞で，下段が不可算名詞です．

I'm writing a paper on artificial intelligence.
（私は人工知能に関する論文を書いている）
The present was wrapped in blue paper.
（そのプレゼントは青い紙で包装されていた）
She raised lots of chickens in her backyard.
（彼女は裏庭で多くの鶏を育てた）
She doesn't want to eat chicken.
（彼女は鶏を食べたがらない）

paper は「紙」という意味では，特定の形をもたない物質であり，不可算名詞です．一方，「新聞」や「論文」という意味では可算名詞です．新聞は「1紙，2紙」，論文は「1本，2本」と数えられるからです．

chicken は，生き物としてのニワトリの意味では可算名詞です．dog や cat が可算名詞であるのと同じです．ところが「鶏肉」という意味の chicken は，「食材である肉としての鶏」なので，特定の形をもたない物質であり，meat（肉）が不可算名詞であるのと同じように不可算名詞です．

種類であるかで生じる可算／不可算の違い

次に(2)の「「種類であるか否か」によって，可算名詞と不可算名詞に分かれるものがある」に入ります．17ページで述べた通り，英和辞典には可算名詞，不可算名詞のそれぞれに対して C ， U のマークがあるのですが，いくつかの名詞には，次のような表記があります．

　　U （[種類] C ）

これについて説明します．たとえば wine は，water と同じく特定の形をもたない物質であり，不可算名詞です．ところが「この工場では赤ワイン，白ワイン，そしてそれぞれのスパークリングワインの，合計4種類が生産されている」というような文では，ワインは数える対象となっています．このように種類について述べる場合の wine は可算名詞なのです．

次のようなペアも同じです．なお，2番目の文中の ingredient は「材料」という意味です．

　　My mother sliced <u>bread</u>.
　　（母はパンをスライスした）
　　This ingredient is used in most <u>breads</u>.
　　（この材料はほとんどのパンで使われている）

パンは肉と同じように，塊のもの，物質としての食材です．肉と同様，塊から切り分けて「個」にする作業をした

うえで食べるものなので，不可算名詞として用いられます．

　ところが，「今日，このお店で売られているパンは，あんパン，カレーパン，くるみパン，クロワッサン……」というように，パンの種類について言及する場合は，数える対象となります．このような意味での bread は可算名詞なのです．

　同じように，tea, milk, whiskey なども「物質としては不可算名詞だが，種類について述べる場合は可算名詞」である例です．

▎具体性が薄れることによる不可算名詞への転化

　次に，(3)の「可算名詞であっても，「物体」としての意味が薄れている場合は，しばしば不可算名詞となる」に入ります．次の2文を見てください．

　This is a picture of a school in Canada.
　（これはカナダの学校の写真だ）
　In Japan, school begins in April.
　（日本では学校は4月に始まる）

　最初の文の school は，「物体としての学校」「校舎」という意味です．物体である以上，「1つ，2つ」と数えられるので，この意味の場合は可算名詞です．

　一方，2番目の文の school は，「物体」としての意味はほとんど失われています．この school は，「制度としての学校」「学業」という意味です．明確な形はもちません．この場合は不可算名詞となります．

　この2文の和訳からわかる通り，日本語ではどちらの意味でも同じ「学校」でいいのに，英語ではこのように使い分けなければならないのです．

　次の2つのペアも，同じような理由で使い分けられています．

　　Jack bought <u>a bed</u> yesterday.
　　（昨日ジャックはベッドを買った）
　　Masao is sick and in <u>bed</u> now.
　　（正夫はいま病気で寝ている）
　　I want to operate <u>a ship</u>.
　　（船を操縦してみたい）
　　We went to the island by <u>ship</u>.
　　（私たちはその島に船で行った）

　最初の文の bed は物体としてのベッドです．ジャックはベッドという品物を買ったのです．これは当然のように可算名詞であり，a bed という形で用いられています．購入台数が2台以上の場合は，もちろん beds となります．

　一方，2番目の文の in bed は「床に伏している」「寝ている」という意味です．この文の bed は，「寝ている」という意味を表すための，いわば象徴として用いられています．象徴というのは，何か具体的なものを指しているのではありません．「非具体」です．具体性のないもの，抽象的なものは不可算名詞です．

　ちなみにこのような，象徴としての語の用い方は，日本語にも見られます．たとえば「そんなことをしたら，確実

35

にお縄だ」というような「縄」は，具体的な物体としての縄ではありません．「逮捕される」という意味を，縄で象徴させているのです．

　3番目の文のshipは「船体」という意味であり，物体としての船なので可算名詞です．aとともに用いられています．

　一方，4番目の文のby shipは「船便で」という意味です．「船便で」ということは，要するに「海路で」「水路を通って」ということです．通常は，物体としての船にはスポットは当たりません．よって，この場合は不可算名詞として用いられます．同様の表現に，by train（電車で），by car（車で），by airplane（飛行機で）などがあります．すべて交通手段としてのtrain, car, airplaneであり，物体としての意味は薄れているので裸のまま用いられるのです．

▌不可算名詞の「数え方」

　不可算名詞で表されるもの自体は数えられませんが，何かの手段で区切り目を入れることができます．そして，その手段は数える対象になります．その手段とは，「容器」「形」「単位」の3つです．

　「容器」は，具体的にはcup（カップ），glass（グラス），box（箱），bag（袋），barrel（樽）といったものです．具体例を見ましょう．

　I drank a glass of beer.
　　（私は1杯のビールを飲んだ）
　There are ten barrels of wine in that room.

（あの部屋には10樽のワインがある）

　容器は可算名詞なので，裸では用いません．最初の文では a glass，2番目の文では barrels となっていることを確認してください．そして「容器」「形」「単位」のいずれであれ，手段を表す語の後ろには of を置きます．

　次の「形」ですが，これは stick（棒），slice（薄切り），block（塊），sheet（シート），ball（玉），piece（破片，断片）などです．例文を見ましょう．

　　He ate two blocks of cheese.
　　（彼は2かたまりのチーズを食べた）
　　He fold a sheet of paper in half.
　　（彼は1枚の紙を半分に折った）

　形を表す言葉は可算名詞なので，a または -s を忘れないようにしてください．
　「単位」は，たとえば gram（グラム），meter（メートル），liter（リットル）などです．例文を見ましょう．

　　He bought 100 grams of gold.
　　（彼は100グラムの金を買った）
　　I want a liter of cola.
　　（1リットルのコーラがほしい）

　ここでも a, -s と of を忘れないようにしてください．
　なお，手段を表す言葉の中で，最も使い勝手が良いのは

piece です．これは，たとえば a piece of cake（一切れの
ケーキ）のように，「破片」「断片」という意味で用いられ
るだけでなく，たとえば a piece of furniture（家具1つ）
というように物体を1つ示す場合や，a piece of love（愛
のひとかけら）というように，抽象的な名詞を「1つ，2
つ」と数える場合にも用いられるのです．

　ちなみに，ここで紹介した3つの手段「容器」「形」「単
位」は，「よう・けい・たん」という言葉で一気に覚えら
れます．「けい」は「形」の音読みです．この種の語呂は
決して捨てたものではなく，記憶のための補助として，な
かなか有能な働きをしてくれます．本書でも後にいくつか
登場します．

§4　言葉を学べば世界が見える

▋ 話者の世界観の反映としての可算／不可算

　ここまで見てきたように，名詞の可算／不可算の区別は，
一筋縄ではいきません．同じ語でもゆらぎがありますし，
また，似たような意味の語（あるいは同じグループに入れ
て考えることのできるような語）どうしでも，可算／不可
算が分かれることも少なくありません．

　たとえば apple（リンゴ），watermelon（スイカ），rice
（米）はいずれも植物であり，食品です．そしてリンゴは
「1個，2個」，スイカは「1玉，2玉」，米は「1粒，2
粒」と数えることができますが，apple と watermelon は
可算名詞で，rice は不可算名詞です．

　このように分かれる最大の理由は，これらのものを人間

がどう認識するか，どう関わるかの違いにあります．私たちは，リンゴやスイカの一つひとつを「個」としてとらえます．購入する場合も，1個単位，1玉単位で買います．

　一方，rice は，たしかに1粒ずつを個として認識することは可能ですが，実際に米を買ったり食べたりする際には，それぞれの粒に注目はしないはずです．「物質」としてとらえて，購入時も，粒単位ではなくキロ単位です．「数」を買うのではなく，「量」を買います．

　英語の名詞の可算／不可算の違いは，英語を使用する人たちの，ものの見方の反映にほかならないのです．

　ちなみにロシア語では，単数／複数だけでなく，より細かな基準で分類をしながら名詞を用いるようです．以下をご参照ください．

　つまり，こんな簡単な事態でも，それを正確に言語化するためには，ロシア人は，対象が一か多か，多であるにしても二から四までか，それとも五以上か，生物か無生物か等々を，その場で素早く見てとり，敏感に適切な反応をしなければならないのだ．ということは，ロシア人が，いつもこのような角度から世界を見ていなければならないということである．

　　　　　　　　　　（井筒俊彦著，若松英輔編『読むと書く』）

　言葉には，それを使う人の世界観が反映されているというのです．30カ国語以上の言語を縦横無尽に操ったといわれる，人類史上の大天才・井筒俊彦（1914-1993）がいうのですから間違いないでしょう．

▍英文を読むことは，名詞の用い方を学ぶこと

　この第2講で学んだ内容をきちんと記憶すれば，今後，英語の名詞の可算／不可算を使い分けられるようになるだけでなく，英語に触れることで，英語話者が周囲の世界をどうとらえているか，世界とどう関わっているかの一端を窺い知ることもできるようになります．たとえば，次のような文に出会ったとしましょう．

> Vinegar is a very familiar household product, which has long played an extremely important part in cooking all over the world. But what exactly is vinegar and what are its uses besides cooking?
>
> （酢はとてもなじみ深い家庭用製品であり，世界中で料理において極めて大切な役割を果たしてきている．しかし厳密には酢とは何だろうか．そしてその用途は料理以外に何があるだろうか）
>
> 　　　　　　　（大学入試センター試験　2010年度本試験）

　この文から，vinegar（酢）が不可算名詞だということが確認できます．この語が裸で用いられているからです．またproduct（製品）の用いられ方から，これが可算名詞だということもわかります．aとproductの間に3つも修飾語があるので，この2語が離れてしまっていますが，productは紛れもなく可算名詞として，a productという形で用いられています（なお，修飾語については第3講で学びます）．

　この文での part は「役割」という意味ですが，これも an とともに用いられているので，可算名詞だとわかります．たしかに役割は「1つ，2つ」と数えられます．「世界中で」という意味で all over とともに world を用いる場合は，the world という形になることもわかります．

　この文の use は動詞ではなく，「用途」という意味の名詞ですが，用途も数えられるので，可算名詞として，複数形の uses で用いられています．

　興味深いのは cooking です．料理は「1回，2回」と数えられますが，この文では2つとも裸で用いられています．不可算名詞なのです．英語話者は cooking を，「毎回の調理という行為」といった意味よりも，漠然としたものとしてとらえているということがわかります．ぜひお手持ちの英和辞典でこの語を引いてみてください．しっかりと U の記号が記されているはずです．

　このように，身近な話題を綴った何気ない文の中にある一つひとつの名詞の形から，英語話者がそれぞれの語をどうとらえているのかを学べます．そしてこの知識は，自分が英語を用いる際にそのまま応用できるのです．

　たとえば，上で述べた cooking についての知識があれば，「私は料理が好きだ」という文を英訳する際に，「自分がする料理の回数は1回だけじゃないから，複数形の cookings になるのかな」というようなことは考えずに，I like cooking. と訳せるようになります．

　以上のように，文法知識を意識すれば，「読む」という行為がアウトプットの際の"材料集め"になります．「読む」を，「書く」「話す」に直結させられるのです．今後は，

こんなふうにも英語と付き合えるようになるのです.

▌bird, fish, insect と鳥, 魚, 昆虫

さて, 可算名詞と不可算名詞の違い以外にも, いろいろなところに英語の世界観, 英語話者とまわりのものとの関わり方は反映されています. 第1講の「オリエンテーション」で, 英語は同じ形のまま, 複数の品詞として用いられる単語が多い言語だということを述べましたが, たとえば bird, fish, insect という3語の「名詞－動詞」の関係を見比べることによって, 英語話者が魚, 鳥, 昆虫とどう関わっているかを知ることができます.

これら3語の, 名詞としての意味と, 動詞としての意味のうち, 主要なものをまとめてみましょう.

---

bird
名詞 → 「鳥」
動詞 → ①「鳥を捕る」「鳥を撃つ」
　　　 ②「野鳥観察をする」

---

fish
名詞 → 「魚」
動詞 → ①「釣りをする」

---

insect
名詞 → 「昆虫」
動詞 → なし

　動詞としての bird の訳から，英語話者にとって，鳥は捕まえる対象であるだけでなく，見る対象でもあることがわかります．このことは，birdwatching という単語が存在することからも明らかです．

　日本人にとって，釣りをするという行為は普通のことですが，英語話者も釣りをする人たちだということが，fish の動詞の訳からわかります．go fishing（釣りに行く）という表現も頻繁に見聞きします．ただ bird と違い，fish の動詞の訳は①だけです．②がありません．バードウォッチングを楽しむのと同じように，海や川などで魚類を観察して楽しむ，といったようなことはないということがわかります．

　insect はまた事情が変わります．日本では，夏になればスーパーマーケットやホームセンターに，虫捕り網や虫カゴが並びます．そして男性の多くは，幼児期から少年期にかけて，網を片手に，カゴをぶらさげて「虫捕り」を経験します．

　また日本人は，古くより虫を愛めでてきました．蝶ちょうや蛍やトンボなどは特に，着物や各種の伝統工芸品の文様としても用いられており，私たちの目を楽しませてくれます（蝶に関しては，国を代表する蝶である「国蝶」すら選定されています）．また昆虫は，日本画の画題として普通に選ばれるものです．

　日本では，昆虫は「捕る対象」であり，「見る対象」でもあるといえるでしょう．

　ところが英単語の insect には，「虫を捕る」という意味も，「虫を見る」という意味もありません．日本人ほどに

は深く昆虫とは関わらないということが推測できます．実際，数人のイギリス人，アメリカ人に尋ねてみたところ，夏に，自分の国のスーパーマーケットで虫捕り網や虫カゴを見たことがあるという人は皆無でしたし，虫取り網を片手に昆虫採集に出かけたことがある，という人もいませんでした．欧米には日本のような"昆虫文化"は存在しないようです．

　このように，ある言語の使い方を知ることは，その言語が話されている世界を知ることでもあるのです．言葉の学びは，思いのほか深く広く，また興味深い世界なのです．

5文型
"日本語→英語変換マシーン"

〈設問〉

　次の(1)と(2)の下線部を和訳しましょう（それぞれ，大学入試センター試験　1993年度本試験，1998年度追試験より）.

(1) I can't stand that noise. <u>It's driving me crazy</u>.
　　（あの騒音には耐えられない. ＿＿＿＿＿＿＿＿　）

(2) <u>I took Mr. Taylor a bottle of wine for his birthday</u>, and he gave me his violin because it's our anniversary.
　　（＿＿＿＿＿＿＿＿＿＿＿＿＿＿＿＿＿＿＿＿＿.
　　すると彼は，私たちの記念日だからって，私に彼のバイオリンをくれた）

---

§1　すべての英文は5文型に分けられる

漢文の「訓点」の効力

まずは，次の2つの漢文の意味を考えてみてください.

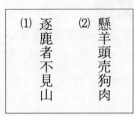

(1) 逐鹿者不見山

(2) 懸羊頭売狗肉

すぐに意味が取れる，という人はあまり多くないかもしれません．ここで，この文に次のような符号と仮名を添えてみることにします．

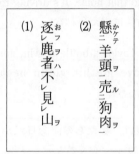

(1) 逐_レ鹿者不_レ見_レ山ヲ
　おフヲハ

(2) 懸_二羊頭_ヲ売_三狗肉_ヲ
　ケテ　ル

さて，この状態になった文を見た人が，仮に，高校で学習する次のルールを覚えていたとします．

〈ルール〉
△→○の順に
読む．

〈ルール〉
○→△→□の順に
読む．

46

すると，それぞれの文を次のように読むことができます.

　(1)′ 鹿を逐ふ者は山を見ず.
　(2)′ 羊頭を懸けて狗肉を売る.

ここまで来れば，しめたものです. 意味のわからない漢字を辞典で引くことによって，文の正しい意味をつかむことができます. つまり「あとは辞書を引くだけ」という段階にまで至ることができるのです.

　漢和辞典を見れば，「逐」は「追」の意味であることがわかります. すると(1)は「鹿を追う人は山を見ない」という意味だとわかります. これは故事成語で，利益を得るために何かに熱中している人は，周りの情勢に気づかないことのたとえです.

　(2)についても，辞書を引けば「懸」に「かかげて示す」という意味があることと，「狗」は犬だということがわかります. すると(2)は「（店先に）羊の頭を掲げて，（実際には）犬の肉を売る」という意味だとわかります. これも故事成語で，見かけと実質とが一致しないこと，見かけ倒しであることのたとえです. 犬の肉よりも羊肉のほうが上等なのです.

　このように，漢文に対して，符号や仮名（訓点）を加えることによって，読み手は，本来は中国語である文を(1)′や(2)′のような日本語文に変換することができます. そして，「あとは単語の意味を調べるだけ」という高い段階にまで至ることができます.

　この訓点というものは，いわば"中国語→日本語変換マ

シーン"です. 古代の日本人は, ものすごいシステムを開発したものです. 『漢詩百首』(高橋睦郎)では, この訓点のシステムは「驚異的な, あえていえばアクロバティックな発明」と評されています. 私たちは高校で, 意識もしないまま, 実はものすごい読解法を学んだのです.

ちなみにこの読解メソッドは, 次のように中国人には少なからず摩訶不思議なものに感じられるようです.

中国人学生の中には, 日本人は中国語がわからないのに, 中国古典をどうやって理解するのか, ふしぎでしようがないともらす人が多いそうです.

(多久弘一『故事成語で中国を読む』)

▋ 日本人が新たに生み出した"日本語への変換マシーン"

日本人はこのように, 古代以来, 訓点を利用しながら漢文を読みこなしてきたので, 明治時代の初期に, 本格的に英語という外国語に直面したとき, 同じような手段で読解することも試みられました. つまり, 英文の中に符号や仮名を加えて, それらの力を借りながら解釈をする, という方法が模索されたこともあるのです.

しかし, この試みは失敗に終わりました. 英語という言語は, 「原文に符号や仮名を書き込む」という手段で理解するための適性が, 古代中国語に比べて遥かに低かったのです.

ところが話はここでは終わりません. 日本人は, 訓点とはまた別の"日本語への変換マシーン"を発明したのです.

それが「5文型理論」です. **ほぼすべての英文の骨格と**

なる和訳法は 5 通りに分けることができます. つまり, 英文の中の各語をどの順序で訳すか, そして各語にどのような「てにをは」を添えるかのバリエーションは 5 通りだけなのです. この 5 つは「5 文型理論」としてまとめられました.

▎5 文型についてまず知るべきこと

　この 5 文型理論について 2 つのことを知れば, 漢文と同じように, 英文もまた「あとは辞書を引いて単語の意味を知るだけ」という段階にまで持ち込めます. その 2 つとは次のことです.

---

(1) 5 つの文型において, 文中の各語をどの順序で訳し, どのような「てにをは」を加えるのか.

(2) 与えられた英文が, 5 つの文型のどれなのかを, どのように見抜けばいいのか.

---

　5 文型理論を利用して英文を理解・和訳するためには, 言うまでもなく, まずはその 5 つの文型がどのようなものかを知らなくてはなりません. それが(1)です. ただ, そこで止まったのでは意味がありません. 5 文型についての知識があったとしても, 与えられた英文がどの文型なのかを見抜けなければ意味がないのです.「知っているもの」を「使えるもの」に高める作業が必要になります. それが(2)です.

5文型の型

　では，まず(1)です．5つの文型の形と訳順と「てにをは」を見てみましょう．詳しい読み取り方はすぐあとに説明しますので，まずは以下を眺めてみてください．「／」は「または」を意味します．

第1文型	① 名詞 が	② 動詞.		
第2文型	① 名詞 が	③ be動詞 だ	② 名詞／形容詞.	
第3文型	① 名詞 が	③ 動詞	② 名詞. を／に	
第4文型	① 名詞 が	④ 動詞	② 名詞 に	③ 名詞. を
第5文型	① 名詞 が	④ 動詞	② 名詞 を	③ 名詞／形容詞. に／(だ)と

　数字は訳す順序を示します．この数字と，添えられた「てにをは」に従って，各文型の訳を完成させましょう．なお，be動詞の下の「だ」は，「てにをは」ではなく振り仮名です．つまり第2文型では，be動詞を「だ」と訳します（一般動詞，つまり be動詞以外の動詞が第2文型で用いられることもありますが，まずは be動詞に絞って学

習します).

▎5文型の訳し方

各文型の訳は次のようになります.「〜が」の部分は,文によっては,「〜は」とします.

第1文型 ①名詞 が②動詞.
第2文型 ①名詞 が②名詞／形容詞③だ.
第3文型 ①名詞 が②名詞 を③動詞.
①名詞 が②名詞 に③動詞.
第4文型 ①名詞 が②名詞 に③名詞 を④動詞.
第5文型 ①名詞 が②名詞 を③名詞／形容詞 に動詞.
①名詞 が②名詞 を③名詞／形容詞（だ）と④動詞.

第5文型の「だ」の部分にカッコがついているのは,この位置に「だ」という言葉が入る場合と入らない場合があるということです.

第3文型には2つの訳があり,第5文型には2つ（細かく考えれば3つ）の訳があるので,「5文型」とはいえ,訳し方のパターンは,実は7〜8個ありますが,それでもほぼすべての英文の骨格となる訳は,これらのどれかにあてはまるのです.

▎英語と日本語の相性の良さ

このような事実があるということは,「和訳の仕方」という点からすれば,英語は日本語にとって,極めて都合の

よい外国語だといえます．英語のありとあらゆる文が，わずか5パターンの和訳法のどれかにあてはまってしまうのですから．このことについて，次のような指摘もなされています．

　英文は5つの型に分ければ理解できる
　人間社会で不思議なことは多々あろうかと思いますが，このことはその何番目かにノミネートされてもよいでしょう．
　　　　　　　　　　　（鬼塚幹彦『英文法は活きている』）

もちろん，これは冗談めかしながらの記述ですが，それでもこのような言葉が出てくること自体，日本語話者が英語を理解する際に，5文型というものがいかに有益なツールか，ということの証拠だといえます．

5文型の例文
では，それぞれの文型の例文を見てみましょう．

［第1文型］
Jack cried.（ジャックが泣いた）
［第2文型］
Meg is honest.（メグは正直だ）
［第3文型］
My son bought a piano.（息子はピアノを買った）
He climbed the tree.（彼はその木に登った）
［第4文型］
Joe gave his son a watch.

（ジョーは息子に時計をあげた）

My father showed me a photograph.

（父は私に1枚の写真を見せてくれた）

［第5文型］

He kept the room clean.

（彼はその部屋を清潔にしておいた）

Lisa thought the man a genius.

（リサはその男を天才だと思った）

They call the boy Tom.

（彼らはその少年をトムと呼ぶ）

▍文型の見抜き方

次に，49ページの「(2) 与えられた英文が，5つの文型のどれなのかを，どのように見抜けばいいのか」に入ります．ただその前に準備として，それぞれの文型の各部分の呼び名と，それを示す記号を知ってください．

各部分を指す呼び名を決めておかないと，話がスムーズに進みません．これは英文法に限らず，ほとんど何について語る場合でも同じです．身体の部位を表す言葉がなければ，まともな医学は行えないでしょうし，建物の各部分を表す言葉が存在しないのなら，建築学はまっとうな形では存在しえないはずです．

また，記号もありがたいものです．仮に数学の世界に「＋」「－」「×」「÷」などの記号がない場合，数式はどれほど複雑になるでしょうか．ト音記号，シャープ（♯），フラット（♭）などの記号がなければ，楽譜は煩雑なものになるはずです．

53

第1文型	名詞 主語 **S**	動詞 述語 **V**	.	
第2文型	名詞 主語 **S**	be動詞 述語 **V**	名詞／形容詞 補語 **C**	.
第3文型	名詞 主語 **S**	動詞 述語 **V**	名詞 目的語 **O**	.
第4文型	名詞 主語 **S**	動詞 述語 **V**	名詞 目的語 **O₁**	名詞 目的語 **O₂** .
第5文型	名詞 主語 **S**	動詞 述語 **V**	名詞 目的語 **O**	名詞／形容詞 補語 **C** .

Sは,「**主語**」という意味の単語 subject の頭文字です.

Vは,「**述語動詞**」を意味する predicate verb の, verb の頭文字です.

Cは,「**補語**」を意味する complement の頭文字です.

Oは,「**目的語**」を意味する object の頭文字です.

これらの記号は, 服のサイズを表す「L」が large の頭文字で,「S」が small の頭文字であるのと同じようなものです. 私たちが「Lサイズ」「Sサイズ」という言葉を普通に使いこなしているように, S, V, C, Oという記号にも, 徐々になじんでいきます.

第4文型には目的語が2つあるので, 混同しないよう,

記号にひと工夫をします．1つ目の目的語を「O_1」とし，2つ目を「O_2」とします．

文型を見抜く2つのルート

では実際に，与えられた文が5文型のうちのどれかを見抜く方法を示します．まずはチャートで示しますので，ここからどのようなことが読み取れるかを考えてみてください．

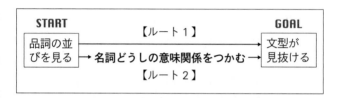

文型を見抜くには，まず何よりも，文中の各語の品詞を見ます．品詞がわからない単語は，英和辞典を引きます．辞書にはいろいろな情報が記載されていますが，どのような語であれ，最初に品詞が示されています．名詞なら名，動詞なら動，形容詞なら形，副詞なら副，というようなマークが存在します．

上のチャートには2つのルートがあります．品詞の並びを見るだけで文型が特定できる場合（【ルート1】）と，できない場合（【ルート2】）です．

たとえば「名詞 動詞.」という並びなら，これだけで第1文型だとわかります．この品詞の並びは第1文型にしかないからです．また「名詞 動詞 名詞 形容詞.」という並びは第5文型にしかないので，こう並んだら自動的に第5

文型だと決まります．これらは【ルート1】の例です．

▎第4文型と第5文型の区別の仕方

　ところが品詞の並びだけでは文型が決まらない場合があります．与えられた文の品詞の並びが，次のようなものだったとします．

　　　名詞　動詞　名詞　名詞．

　この場合は，すぐには文型は特定できません．なぜならこの品詞の並びは，第4文型にも第5文型にも見られるからです．

　では，第4文型と第5文型はどのように区別すればいいのでしょうか．改めて次の2文を見てください．

　［第4文型］

　Joe gave <u>his son</u> <u>a watch</u>.

　（ジョーは息子に時計をあげた）

　［第5文型］

　Lisa thought <u>the man</u> <u>a genius</u>.

　（リサはその男を天才だと思った）

　第4文型と第5文型では，動詞の後ろにある2つの名詞（＿＿＿と＿＿＿の部分）の関係が異なります．

　第4文型の文では，2つの名詞がイコールの関係にありません．his son は，a watch ではありません．

　一方の第5文型では，この2つがイコールの関係にあり

ます.「the man ＝ a genius」だと彼女は思ったのです.

　このような違いがあるので,「名詞 動詞 名詞 名詞.」という並びの文に出会ったら, 動詞の後ろにある2つの名詞について「イコールであるか否か」を考えて文型を特定します. イコールでなければ第4文型で, イコールであれば第5文型です.

　このように文型を決定するのが【ルート2】です.

▌多義語というハードル

　文型の特定が終わったら,「あとは単語の意味だけ」という段階です. 文中に知らない単語があれば, 辞書で意味を調べて, 文型ごとの訳順と「てにをは」に従って訳します.

　さて, 上で「あとは単語の意味だけ」と述べましたが, 実はこの段階から正しい訳に至るまでに, ハードルがあることも少なくありません. そのハードルにはいくつかあるのですが, その最大のものの1つが「多義語」の存在です.

　多義語とは, 2つ以上の意味をもつ語のことです. 文中で多義語に遭遇した場合は, どの意味で用いられているのかを考えなくてはなりません.

　多義語をもたない言語は, ほぼ皆無だといえます. 日本語にも多義語はたくさんあります. そして, 逆に日本語を英語に訳す際にも, 多義語の存在はハードルとなります. ここで, 少しその例を見てみましょう. 次の3文の下線部を英訳することを考えてみてください.

　(1) タヌキを飼ってみたい.

(2) あの社長は<u>タヌキ</u>だから商談では要注意だぞ.

(3)（うどん屋にて）<u>タヌキ</u>ください.

(1)の「タヌキ」は, 動物のタヌキです. よって, 和英辞典で「タヌキ」と引いた際に最初に出てくる **a racoon dog** と訳すことになります.

(2)の「タヌキ」は「ずる賢い人」という意味です. 英語の racoon dog にはこの意味はないので, (2)の下線部は和英辞典で「ずる賢い」の英訳として記載されている cunning, sly などの語を用いて訳すことになります. (1)とは別の英単語を選ばなくてはならないのです.

(3)の下線部は,「タヌキうどん」という意味の「タヌキ」です. タヌキうどんは日本のものなので, これに相当する英単語は存在しません. そのまま tanuki と訳すことになります.

このように, 同じ「タヌキ」という言葉でありながら, 英訳の際には, どの意味なのかを判断し, 異なる正しい英語にしなくてはなりません. そしてこれと同じことが, 英語を日本語に訳す際にもあてはまるのです.

たとえば同じ face という語を和訳するにしても, 人間の身体の話であれば「顔」と訳し, 時計の部品の話であれば「文字盤」と訳します. ほかにも「表面」「外観」などの訳があります.

▌ 英語の動詞の多義性

多義語のうち, 最も厄介なものは動詞です. 多義語の動詞については, 文型と関連させて次のことを知ってくださ

い.

> 英語の多くの動詞が, 複数の文型で用いられる. そし
> て, 文型ごとに訳が異なる.

　たとえば stop という動詞は, 第1文型でも第3文型で
も用いられます. それぞれ「止まる」という意味と, 「止
める」という意味です. ということは, 動詞 stop を訳す
際には文型が見抜けなければ, 「止まる」なのか, 「止め
る」なのかわからないということになります. たとえば
The car stopped. という文であれば, 第1文型なので「そ
の車は<u>止まった</u>」と訳します. 一方, He stopped the car.
であれば, これは第3文型なので「彼はその車を<u>止めた</u>」
と訳します.
　英文で用いられている動詞が, このように文型ごとに訳
の違うものである場合は, 文型を見抜いたあと, 見抜いた
文型にふさわしい訳で日本語にしなくてはならないのです.

▍英和辞典の文型表示

　では, 文型ごとの正しい訳は, どうやって知ればいいの
でしょうか. 仮に英和辞典において, 動詞の訳が文型ごと
に記載されていればありがたいのですが, そのような記述
になっているのでしょうか.
　答えは「ほぼイエス」です. 英和辞典では, 動詞に関し
て必ず, 圓か他のマークが記されています. 圓は「**自動
詞**」を意味し, 他は「**他動詞**」を意味します. 自動詞と
他動詞については, 次のことを知ってください.

［自動詞］
- 目的語を必要としない動詞.
* 文型との関連で説明すれば，「第1文型，第2文型
  で用いられる動詞」.

［他動詞］
- 目的語を必要とする動詞.
* 文型との関連で説明すれば，「第3文型，第4文型，
  第5文型で用いられる動詞」.

これをふまえたうえで，次のことを知ってください.

［自動詞の訳に関して］
- 圓のマークのところに記載されている訳は，ほぼ
  第1文型で用いられた場合の訳である.
- 第2文型の場合の訳は，圓のマークだけでなく
  「SVC」という表記があることが多い.

［他動詞の訳に関して］
- 他のマークのところに記載されている訳は，ほぼ
  第3文型で用いられた場合の訳である.
- 第4文型の場合の訳は，他のマークだけでなく「S
  VO₁O₂」という表記があることが多い.
- 第5文型の場合の訳は，他のマークだけでなく「S
  VOC」という表記があることが多い.

OやCなどの記号ではなく，目的語は目，補語は補な
どのマークで示されている辞書もあります.

　少し，実際の紙面を見てみましょう．以下は『ジーニア
ス英和辞典　第4版』（大修館書店）の term という語の
記載の一部です．

:term /tə́:rm/【原義: 限界, 境界. cf. terminus. [派] →
terminal(形)】

【基本義: 限定されたもの】
　専門用語(名❶ a))……分野によって限定された言葉
─期間(名❷ a))……時間的に限定された範囲
　└学期(名❷ b))……学校における限定された期間
─[~s] 条件(名❸)……約束などによって限定された事柄

──名(⑲ ~s/-z/) ⓒ ❶ a) 専門用語；(ある種の)言葉；
術語 ‖ a slang ~ 俗語 / legal ~s 法律用語 / techni-
cal ~s 専門用語 / coin a ~ 用語を作り出す．　b) [しばし
ば ~s] 言葉遣い, 言い方 ‖ in no uncertain ~s きっぱり
と / in flattering ~s お世辞を言って / in glowing
[strong] ~s 非常に賞賛した言い方で[強い語調で] / a ~
of endearment [respect, abuse] 親愛の[尊敬の, 口汚
い]表現.

──動 ⑲ (正式) [SVOC]〈人が〉O〈人・物・事〉を…と称する,
呼ぶ(call)◆C は名詞・形容詞》‖ The play may be
~ed (×as) a tragedy. その劇は悲劇と呼べるだろう.
❖~ depòsit 定期(性)預金. ~ insùrance 定期保険.
~ lìmit (米) 任期制限. ~ paper /⌐⌐ ‖ ⌐⌐/ (米) 学期
末レポート.

　動という品詞の表記と，⑲という表記に加えて，[ＳＶ
ＯＣ] という記号があることがわかります．
　このような記載になっているので，動詞が多義語であっ
ても，文型を特定することによって，正しい訳を選ぶこと
ができます．
　練習をしましょう．次の2文を和訳してみてください．

(1) The weather improved.
(2) He improved the engine.

(1)は「名詞 動詞.」という並びなので第1文型です. すると, この improved を訳す際には, 辞書の圓のマークのところにある訳を選べばいいということになります.

英和辞典を引くと「よくなる」「好転する」という訳が見つかるので, 文の訳は「天気は好転した」となります.

(2)は「名詞 動詞 名詞.」であり, 動詞が be動詞ではないので第3文型です. よって, この improved は他のマークのところにある訳を選ぶことになります.

辞書に「改良する」という訳が見つかるので, 文の訳は「彼はそのエンジンを改良した」となります.

次の2例はどうでしょうか. (3)の cottage は「小さな家」, (4)の orphan は「孤児」という意味です.

(3) Bob found her a cottage.
(4) The war left the boy an orphan.

ともに「名詞 動詞 名詞 名詞.」という品詞の並びなので, 55ページの【ルート2】を通って文型を決めます. 動詞の後ろの2つの名詞が, イコールの関係にあるかどうかを見抜きましょう.

(3)はイコールではないので第4文型です. 一方の(4)では, 「その少年=孤児」と考えることができるので, 第5文型だと判断します.

さて find も leave も多義語ですが, 文型を特定できたので, いずれも正しい訳を選ぶことができます. 『ジーニアス英和辞典』で find を引き, 他のところを見ると「SV

O_1O_2」という記号とともに「見つけてやる」という訳語が示されています. また,『ルミナス英和辞典』(研究社)でleaveを引くと, 他のところに「**V＋O＋C**(形)」という記号とともに「〈…〉を(──の状態)にする」という訳があります.

ここまでわかれば, あとはそれぞれの文型の訳順と, それぞれの「てにをは」で訳せばいいだけです. (3)の訳は「ボブは彼女に小さな家を見つけてやった」となります. ボブは不動産屋さんなのかもしれません. (4)の訳は「その戦争はその少年を孤児にした」となります.

以上のように, 5文型の知識があり, 英和辞典の使いこなし方を知っていれば, 理解できない文に出会った場合に「文型を特定する ⇨ 辞書で適切な訳を選び取る」というプロセスを経て, 正しい和訳にたどりつけるのです.

▍5文型理論は日本の文化遺産

英語を確実に理解するためのツールとして, 日本人が試行錯誤の果てにたどりついた「5文型の理論」, そして「文型別に動詞の訳が記載されている英和辞典」は, とてつもなく大きな財産です. 古代の日本人が, 漢文を理解するためのツールとして, 訓点というシステムを生み出したのと同じように, 近代の日本人は, 英語を理解するための道具として5文型理論を考案し, さらにこれと連動する優れた英和辞典を生み出してきました. 漢文のみならず, 英文に対してもまた, 日本人の高い創造力が見事に発揮されたのです. 仮に, 初めてこの5分類を示したのが外国人であったとしても, これを自国語への翻訳の手段としてまと

め上げたのは，紛れもなく日本人の独創だといえます．

　しばしば，５文型理論について「これを重視しているのは日本だけ」「他の国では普及していない」というようなことが指摘され，否定的に語られることがありますが，この批判は当たりません．**日本の５文型理論が英語を日本語に移し替えるためのツールである以上，日本以外の国で５文型理論が定着していないのはむしろ自然なことです．**

　第１講の「オリエンテーション」で，日本の英語学習の世界には「死守すべき尊い伝統」と「改良すべき点」の２つがある，ということを述べましたが，５文型理論は前者の筆頭ともいえるものです．

　世には，５文型以外の理論にもとづいた文法書や学習法も見られますが，このようなものを受け入れてしまうと，仮にその中ではうまくいっても，英和辞典を有効に活用することができなくなります．上記の通り，日本の英和辞典は５文型理論を基準にして動詞の用法が記載されているからです．また，日本の優れた文法書，参考書の類^{たぐ}いも，大半が５文型理論にもとづいて執筆されているので，これらとのズレも生じます．**日本人が英語を学ぶ際の文型の数は，「５」が理想なのです．**

§2　修飾語と助動詞

▌文の複雑化のプロセス

　ここまで見てきたような文が，英文の最もシンプルな姿，「英文の骨格のパターン」だといえます．

　ところが英語の文は，常にこのような単純な形のまま存

在するわけではありません．複雑化した文も見られるのです．そして文が複雑化すると，そのぶんだけ文型を見抜くのが難しくなります．そのような文にも対処できるようになるためには，文が複雑になっていくプロセスを知る必要があります．

　文の複雑化は，次の3つの面に分けられます．

　　1 装飾が加わる．
　　2 形が変わる．
　　3 パーツが拡大する．

　それぞれについて，たとえで説明します．

　まずは**1**の「装飾が加わる」です．目の前に抹茶ソフトクリームがあるとします．これがこのままの姿で存在していれば，すぐに抹茶ソフトクリームだとわかりますが，仮にソフトクリームの表面に，各種のトッピングが所狭しとのっていたら，一見して抹茶ソフトクリームだと見抜くのは難しくなります．このような，「たくさんのトッピングがのった抹茶ソフトクリーム」のような英文があるのです．

　次の**2**の「形が変わる」ですが，折り畳み式の自転車を思い浮かべてください．これが使用中のものであれば，まさに自転車そのものの形をしているので，すぐに自転車だと認識できます．ところが，折り畳まれた状態の場合，自転車だと見抜くのは難しくなります．この「折り畳まれた自転車」のような英文も存在します．

　最後の**3**の「パーツが拡大する」ですが，もし腕時計のベルトが上にも下にも数メートル延びていたら，一見して腕時計だとはわからなくなるはずです．この「ベルトが異様に長い腕時計」のような英文も見られます．

❶～**❸**の複雑化が起こっていても文型が見抜けて，文の意味がつかめなければなりません．そのために，シンプルな文が複雑になるメカニズムを習得していきましょう．

　具体的には，主に次のような内容を扱います．

---

❶ 装飾が加わる
　・修飾語
　・助動詞
❷ 形が変わる
　・受動態
　・疑問文
❸ パーツが拡大する
　・従属節（名詞節，形容詞節，副詞節）
　・準動詞句（to不定詞句，ing句，過去分詞句）

▍修飾語とは

　この第3講では上の**❶**～**❸**のうち，**❶**の「修飾語」と，「助動詞」のうちの一部のものを扱います（他は第4講以降で扱います）．

　ではまず，次の2文を見てください．

　(1) 彼は立ち上がった．
　(2) 少女が歩いている．

　次に，以下の文を見てください．

(3) 彼は<u>とつぜん</u>立ち<u>上がった</u>.
(4) <u>美しい</u>少女が<u>ゆっくり</u>歩いている.

　(1), (2)の文は，修飾語の存在しない文です．一方，(3)と
(4)の文は，影をつけた部分が修飾語です．修飾語は，文中
に1つだけ存在することもあれば，2つ以上あることもあ
ります．

　さて，修飾語が存在する文について，私たちはどのよう
に対応しているでしょうか．(3), (4)を読む際には，下線部
を文の中心，文の骨格としてとらえているはずです．そし
てこの骨格に対して，修飾語の部分の情報を乗せながら理
解しているといえます．

　英語の修飾語も同じです．つまり，修飾語が存在してい
る文であっても，5文型があくまでも文の骨格部分です．

　5文型と修飾語の関係を，いくつかイメージ図で示しま
しょう．●が修飾語で，○が文の骨格となる要素です．

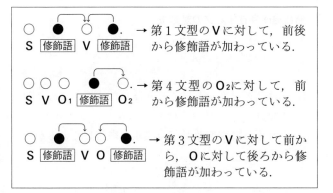

それぞれの例文を示します.

He　often　comes　here.
S　修飾語　V　修飾語

He gave her an expensive ring.
S　V　O₁　修飾語　O₂

The man suddenly took a picture of my car.
S　修飾語　V　O　修飾語

和訳は次の通りです（修飾語の部分に影をつけます）.

しばしば彼はここに来る.
彼は彼女に高価な指輪をあげた.
その男が私の車の写真を突然撮った.

▎ 修飾語が存在する文の対処法

修飾語が存在している文については, 次のような対処が
できなくてはなりません.

---

(1) 修飾語の存在をかいくぐりながら, その文の文型
　　を見抜く.
(2) それぞれの修飾語がどの部分を修飾しているかを
　　見抜く.

---

(1)は, 次のように言い換えることができます.

> 文の各部分が，S，V，C，O，修飾語のうちのどれ
> なのかを見抜く．

　つまり，文を頭から読む際に「ここはS，ここは修飾語
で，これがV．その直後が修飾語で，その次がO……」と
いうように，文の各パーツの文法上の役割がわからなけれ
ばならないのです．仮に，S（主語）であるものをO（目
的語）だと判断してしまったら，文の「する側」と「され
る側」が反対の解釈になってしまいます．修飾語と修飾さ
れる側を逆だと考えてしまった場合も，正しい文の内容を
つかめません．上の作業は，文を正しく理解する際に，当
然のように行わなくてはならないものなのです．

文を生み出す際の5文型，修飾語の知識の活用法

　修飾語の知識は，英文を理解するためだけでなく，自分
で英文を生み出す際にも必要になります．英語を書いたり
話したりする場合，修飾語は，次の基準によって用いるか
用いないかが決まります．

- 5文型の範囲で述べることができる内容は，そのまま
　5文型を利用する．
- 5文型だけでは表せない意味は，修飾語に頼る．

修飾語についてまず知るべきこと

　では，正しく修飾語を理解し，また使いこなすためには，
何をしなくてはならないのでしょうか．

何よりもまず，修飾語にどのようなものがあるかを知らなくてはなりません．次の内容を押さえてください．

形容詞 → 名詞を修飾する．
副詞 → 動詞，形容詞，別の副詞を修飾する．
前置詞＋名詞 → 別の名詞，動詞，形容詞を修飾する．

それぞれの例を見ましょう．

［形容詞が名詞を修飾する例］

I wrote a long story.（私は長い物語を書いた）
S　V　　修飾語　O

• 形容詞 long が，後ろにある名詞 story を修飾する．

［副詞が動詞を修飾する例］

He sang slowly.（彼はゆっくり歌った）
S　V　修飾語

• 副詞 slowly が，前にある動詞 sang を修飾する．

［副詞が形容詞を修飾する例］

Meg is very kind.（メグはとても親切だ）
S　V　修飾語　C

• 副詞 very が，後ろにある形容詞 kind を修飾する．

［副詞が副詞を修飾する例］

He sang too slowly.（彼はあまりにゆっくり歌った）
S　V　修飾語　修飾語

- 副詞 too が，後ろにある副詞 slowly を修飾する.
- ＊slowly が sang を修飾する副詞であることについて は，2つ前の文参照.

［前置詞＋名詞が名詞を修飾する例］

He is a fan of the Tigers.（彼は阪神のファンだ）

　S　V　C　 修飾語

- 前置詞＋名詞の of the Tigers が，前にある名詞 fan を修飾する.

［前置詞＋名詞が動詞を修飾する例］

I danced with Lisa.（私はリサと踊った）

S　　V　　 修飾語

- 前置詞＋名詞の with Lisa が，前にある動詞 danced を修飾する.

［前置詞＋名詞が形容詞を修飾する例］

Meg is kind to everybody.（メグは皆に親切だ）

　S　V　C　 修飾語

- 前置詞＋名詞の to everybody が，前にある形容詞 kind を修飾する.

前置詞に関しては，次の用語を覚えてください.

前置詞の後ろに置かれる名詞 →「前置詞の目的語」

前置詞の後ろの語が目的語だというのは，ここに代名詞

71

を置く場合を考えれば納得できます. たとえば with he で
はなく with him となり, with I ではなく with me とな
ることからも, 目的語だということが理解できるはずで
す.

助動詞とは

次に, 66ページのワク内**1**の2つ目,「助動詞」に入り
ます. 助動詞には, 主に次の3種類のものがあります.

---

(1) will, can, should, may などのグループ
- 後ろの動詞が原形となる.
(2) be動詞
- 後ろの動詞が ing 形となり, 文は進行形になる.
(3) have
- 後ろの動詞が過去分詞形となり, 文は現在完了に
  なる.

これらのうち,「助動詞」という言葉でイメージするの
は(1)の will や can などだけ, という方も多いと思いますが,
進行形で用いられる be動詞や, 完了形で用いられる have
も助動詞なのです.

(3)の have については, 次の第4講でじっくりと扱いま
す. ここでは(1)と(2)の具体例を見ます.

My son can play the piano. (息子はピアノが弾ける)
S 助動詞 V   O

He is sleeping <u>in his room</u>.（彼は自室で眠っている）
S 助動詞　V　　　<u>修飾語</u>

次の点に注意してください.

> 文に助動詞が加わっても，文型は変わらない.

　この点は，修飾語と同じです. 助動詞は，いわば「動詞に対する装飾」です. 助動詞が加わっている場合は，動詞に対して，助動詞の意味を加えて理解します.
　このことを上の文で説明します. 最初の文は，play（弾く）に can（〜できる）が加わっているので，「弾く」が「弾ける」という意味になります. 2番目の文は，sleep（眠る）に is が加わっているので（そして sleep の語尾に -ing が加わっているので），「眠る」が「眠っている」となります.

▌〈設問〉の解答

　最後に，冒頭の〈設問〉に戻りましょう. まずは，この第3講で学んだ内容をふまえたうえで，そして英和辞典を活用しながら〈設問〉に再挑戦してください.
　では(1)の解説に入ります. まずは品詞の並びを見ましょう. It's の部分は，分けて It is と表記します.

　　It　　is　driving　me　crazy.
　　名詞 助動詞　動詞　　名詞　形容詞

助動詞は「装飾」であり，文型には関係ありません．外して考えます．すると全体は「名詞」「動詞」「名詞」「形容詞」.」です．It と me は，より細かくいえば代名詞ですが，名詞の仲間です．

　この品詞の並びの場合は，55ページの【ルート1】に沿って文型が決まります．この品詞の並びは第5文型でしか見られないのです（54ページ参照）．

　第5文型なので，全体を「〜が…を＿に―」，または「〜が…を＿（だ）と―」と訳すということになりますが，問題は動詞 drive の訳です．

　私たちにとって，drive という動詞は，何よりも「運転する」という意味です．ところがこの場面では，この意味ではないことは明らかです．「It（that noise）が自分を運転している」などと考えるのはナンセンスです．ではこの文の drive はどう訳せばいいのでしょうか．

　英和辞典で drive を引き，⑩のマークのところに「ＳＶＯＣ」という記号があることを予想し，そこに記載されている言葉で訳すことにしましょう．

『ジーニアス英和辞典』を引くと，実際にこのマークが見つかり，そこに「Oを…（の状態）に追いやる」という訳があります．この訳と，(1)の文が進行形だということを頭に入れて全体を訳すと，「それが私をおかしい状態に追いやっている」という訳が完成します．ただ，これではあまりにぎこちないので，「騒音が，自分をどんどんおかしい状態に追いやりつつある」という内容だと判断したうえで，「おかしくなるよ」「頭がおかしくなっちゃうよ」などとしましょう．

(2)に進みましょう．これもまずは，品詞の並びを見ます．

I　took Mr. Taylor a bottle of wine for his birthday,
名詞 動詞 　名詞　 　名詞　 修飾語 　　 修飾語

　of wine と for his birthday は修飾語です．それぞれ bottle
と took を修飾します．助動詞と同じように修飾語も「装
飾」の部分なので，文型には無関係です．この２つの修飾
語を除いた部分の品詞の並びを見ましょう．「名詞 動詞
名詞 名詞 ．」です．
　第４文型か第５文型だということになります．55ページ
の【ルート２】を通って文型を特定しましょう．動詞の後
ろの２つの名詞が，イコールかどうかを見極めるのです．
もちろんテイラーさんとボトルはイコールではありません．
第４文型だと確定します．
　take も多義語です．この take はどう訳すべきでしょう
か．英和辞典を引き，他のマークの部分で「ＳＶＯ₁Ｏ₂」
の記号とともに記されている訳を選べばいいのです．
『ジーニアス英和辞典』には，「連れて行く」「持って行
く」「必要とする，かかる」など，いくつかの訳が記載さ
れています．このように，同じ文型の中で多義性がみられ
る場合もあるのです．
　このような場合は，文の内容を考えて適切なものを選び
ます．ここではもちろん，「持って行く」が適切です．
　すると，I took Mr. Taylor a bottle の部分の訳は「私は
テイラーさんにボトルを１本持って行った」となります．
この訳に対して，修飾語の部分の訳を加えると「私は彼の

誕生日祝いに，テイラーさんにワインのボトルを１本持って行った」となります．for his birthday の直訳は「彼の誕生日のために」ですが，少し工夫して「彼の誕生日祝いに」としました．

もう１つ工夫をしましょう．この「彼」はテイラーさんなので，「テイラーさんの誕生日祝いに」としましょう．逆に，そのあとの「テイラーさんに」を「彼に」とします．

この結果，「私はテイラーさんの誕生日祝いに，彼にワインのボトルを持って行った」という訳が完成します．

この２つの英文は，最初に挑戦した段階ではほとんど理解できなかったのではないでしょうか．ところが今や，「意味不明な英文を，５文型理論と，英和辞典を駆使しながら読み解く」ということができるようになっているのです．自分の成長と，５文法理論の偉大さ，そして日本の辞書編集力の高さが実感できることと思います．

| **現在完了**
日本語が失った
「過去」と「完了」の区別

〈設問〉

次の下線部を英訳しましょう．その際には fall in love という表現を用いてください（動詞の形は必要に応じて変えてください）.

手のひらで震えた　それが小さな勇気になっていたんだ
絵文字は苦手だった　だけど君からだったら　ワクワクしちゃう

返事はすぐにしちゃダメだって　誰かに聞いたことあるけど
かけひきなんて出来ないの

... 好きなのよ　ah ah ah ah

<u>恋しちゃったんだ</u>　たぶん　気づいてないでしょう？
星の夜　願い込めて　CHE.R.RY
〜指先で送るキミへのメッセージ

（YUI『CHE.R.RY』）

---

§1 日本語の「過去」と「完了」

▌現在完了の位置づけ

　この第4講では現在完了を扱います。まずは現在完了がどのような形かを見て，文法全体での位置づけを確認しましょう。

［現在完了の形］
S have V（過去分詞形）… .

　現在完了とは，have（または has）の後ろに，過去分詞形の動詞が置かれた形です。過去分詞形とは，基本的には過去形と同じく，動詞の語尾に -ed が加わった形ですが，一部の動詞は -en が加わった形，あるいは全く異なる形になります。詳しくは巻末にまとめました（273ページ参照）。

▌現在完了を苦手とする人が多い理由

　多くの日本語話者が，現在完了を苦手としています。その理由は，大きく分けて次の2つです。

---

(1) 日本語には，現在完了にぴったり一致する表現が存在しない。
(2) 日本の英文法書において，現在完了の意味の分類が適切になされていない。

　それぞれについて説明していきましょう。

▍日本語では「過去」と「完了」が一緒になった

まずは次の文を見てください.

(1) He <u>cleaned</u> the room.
(2) He <u>has cleaned</u> the room.

(1)の下線部は過去形です. 一方, (2)の下線部は現在完了です. このように形が違う以上, 文がもつ意味は異なるのですが, 日本語話者はこの違いを認識するのが極めて苦手です. その大きな理由として, 現代日本語の助動詞「た」の存在が挙げられます.

ここで, 高校時代の「古文」の授業を少し思い出してみてください. 高校の古文では, 数十語の助動詞を学びますが, その中に「き」「けり」「つ」「ぬ」「たり」「り」というものがあったことを覚えているでしょうか. これらは次のような意味をもちます.

「き」「けり」→ 過去
「つ」「ぬ」「たり」「り」→ 完了

「過去」と「完了」の例を1つずつ見ましょう. それぞれ『竹取物語』と『源氏物語』の用例です.

［過去］
今は昔, 竹取の翁といふ者ありけり.
（今となっては昔のことだが, 竹取の翁という者がい

た）

［完了］

世になく清らなる玉の男 御子さへ生まれたまひぬ.

（この世にないほど美しい玉のような男の御子までがお
生まれになった）

　このように，「過去」を表す助動詞と，「完了」を表す助
動詞の形が異なっていました．ということは，仮に平安時
代の日本人に，上で示した(1)と(2)の文の違いを教えるには，
次のように語ればいいということになります.

　(1)の cleaned の意味は，私たちが用いている「き」「け
り」の意味です．(2)の has cleaned の意味は，「つ」
「ぬ」「たり」「り」の意味です.

　このように，それぞれに対応する自国語にあてはめて説
明できるのです．ところが，現代の日本人に対しては，そ
のような説明はできません．ここで，以下の図をご覧くだ
さい.

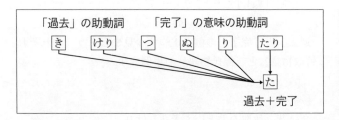

平安時代の「過去」の意味の助動詞と，「完了」の意味

80

の助動詞は，現代までの長い時間を経るうちに，すべて「た」に集約されたのです．これはつまり，「た」には「過去」の意味と，「完了」の意味がごちゃまぜになって存在しているということです．

　この結果私たちは，違いを強く意識しないまま，この２つの意味と関わっています．別の言葉として分かれていないものは，どうしても違いに無自覚になるものです．

　語彙に差異がない場合は，違いを自覚しにくくなるという現象について，１つ興味深い例を挙げましょう．日本語には「蝶」という語彙と，「蛾」という語彙があります．そして私たちは幼少の頃から，「これは蝶」「これも蝶」「あれは蛾」「これは蛾」というように，「蝶としての認識」と「蛾としての認識」を繰り返してきました．もちろん，昼行性か夜行性かの違いや，触覚の形の違い，あるいは止まる際に羽を閉じるか開くかの違いなど，専門的な分類の基準は意識していないかもしれませんが，蝶と蛾のそれぞれについて，「こういうものが蝶である」「蛾はこんな感じの昆虫である」という自覚があります．

　ところが，フランス語では蝶に当たる昆虫も，蛾に当たる虫も，基本的には同じ papillon という語で表されるそうです．『日本語と外国語』（鈴木孝夫）にはこのことが指摘されており，巻頭部分にフランスで発行されている『ラルース百科事典』のカラー図版（写真）が転載されています．

　ここには25匹の papillon が写っていますが，私たちにとっての「蝶」と「蛾」が，何の分類もなされないまま同じ見開きの中に存在しています．フランス人がこの２つを区別せずに眺めていることの“証拠写真”ともいえます．

もちろん，フランス人に蝶の特徴と蛾の特徴を説明して，「このような基準で，２種類に分けることができます」といえば，「たしかにそういう分類は可能ですね」と理解してもらえるはずです．ただフランス人は，その違いに対して，普段はほぼ無自覚なのです．

　そして日本語話者にとっての「過去」と「完了」の違いは，まさにフランス人にとっての「蝶」と「蛾」の違いと同じです．つまり，その違いを自覚していないのです．

§2　英語の現在完了

▋ 意味の分類の不適切さ

　これに加えてもう１つ，私たちが現在完了を苦手としている理由があります．そしてそれは，いわば人為的なミスともいえるものです．

　現在完了という形は，中学で初めて学ぶことが多く，高校以降でも改めて扱う項目なのですが，ほとんどお決まりのように，次の４つの意味があると説明されます．

　　「結果」「継続」「完了」「経験」

　たしかに，現在完了にはこの４つの意味があるのですが，この４つを同時に並べるのは，次元が別のものを混ぜてしまっているということであり，不適切なのです．次のような分類と同じです．

　　「イタリア料理」「和食」「トマト」「鯛」

　この４つは次元が違うはずです．まず「イタリア料理」と「和食」があり，これらの食材として「トマト」や「鯛」があります．この４つを同列に並べるのは適切でな

いのです.

　これより, 過去形がもつ意味と比較しながら, 現在完了の意味を正しく理解していきます.

▌ 出来事動詞と状態動詞

　現在完了を理解するには, その前提として, 動詞の意味を分類する作業が必要になります.

　動詞は,「出来事動詞」と「状態動詞」の2つに分けることができます. 出来事動詞は, いわば動きのある動詞です. run（走る）, hand（手渡す）などの動作を表すものと, melt（融ける）, die（死ぬ）などの状態の変化を表すものがあります.

　一方, 状態動詞には動きはありません. resemble（似ている）, know（知っている）, like（愛好している）などのように, 動詞でありながら動きのないものも存在するのです. これらが状態動詞です.

　現在完了は, これらのどちらが用いられるかによって, 意味が異なります. それぞれを見ていきましょう.

▌ 出来事動詞が用いられた現在完了

　まず, 出来事動詞が用いられた場合ですが, これは出来事動詞が過去形で用いられた文と比較をすることにより, その意味をはっきりとつかむことができます. まずは改めて, 次の文を見てください.

　(1) He cleaned the room.（彼はその部屋を掃除した）

clean（掃除する）には動きがあります。出来事動詞です。この文の状況を図で示すと、次のようになります。

(1)の文は、「過去のある時点で、部屋の掃除をするという出来事があった」ということを示しています。そして、これだけです。現在の状況はわかりません。上の図に「?」を記したのはそのためです。部屋は清掃直後のようにきれいなままかもしれませんし、そのあと汚れたのかもしれませんし、ひょっとすると、その部屋は今はもうないのかもしれません。

次に以下を見てください。

(2) He <u>has cleaned</u> the room.
　　（彼はその部屋を掃除した）

下線部が現在完了形ですが、この部分に対する和訳は、(1)の下線部と同じです。つまり現在完了形の has cleaned も、過去形の cleaned と同じ「掃除した」という訳になるのです。先ほど図示した通り、日本語の「た」は、「過去」の意味と「完了」の意味の両方をもつので、述語が過去形の英文も、述語が現在完了の英文も、「た」を用いて訳せるのです。

さて、上の文がもつ意味は、次のように図示できます。

| cleaned |——————————→ ☆

過去に出来事が　　　　　　その結果，現在，
あった．　　　　　　　　　何らかの事態がある．

---

　(1)とは異なり，単に過去の出来事を述べているのではありません．過去の出来事の結果，現在，何らかの事態（☆）がある，ということを述べています．「過去の出来事の結果を，今，持っている（have）」という意味なのです．

　この事態がどのようなものなのかは，動詞の意味や文脈，そして常識などから総合的に判断します．(2)の文のように，過去の出来事が清掃という行為であれば，その結果として生じている事態は，「今は部屋はきれいだ」といった内容だと考えるのが自然です．

　このように，出来事動詞を用いた現在完了の文の意味は，「過去の出来事＋その結果の現在の事態」なのです．結果までわかるという点に着目して，出来事動詞を用いた現在完了の意味は，「結果」という言葉で表すことができます．

　次に，状態動詞が用いられた現在完了の文に進みます．次の2文を見てください．

I have liked cats since I was a little boy.
（小さいときから僕はネコが好きだ）
My daughter has been sick for three days.
（うちの娘は3日間病気だ）

like は状態動詞です．「愛好している」という状態を小

さいときから持っている（have）ということは，「小さいときから継続して愛好している」ということになります．

また，「〜だ」という意味の be 動詞も，状態動詞です．「病気だ」という状態を3日間持っている（has）ということは，「3日間，通して病気だ」という意味であり，これもまた継続の意味になります．

このように，状態動詞が用いられた現在完了の意味は「継続」なのです．2番目の文を例にとって，文の内容を図にしてみましょう．

その継続の期間が長いと感じられる文であれば，「ずっと」という言葉を添えて訳すと感じが出ます．「小さいときから僕は<u>ずっと</u>ネコが好きだ」などとします．

なお，継続の意味の現在完了は，多くの場合「〜だ」「〜である」「〜です」「〜（し）ている」と訳します．「〜た」と訳すことは少ないのです．

┃ オプションとしての「完了」と「経験」

以上が現在完了がもつ基本の意味なのですが，ここで大きな問題が生じます．82ページで紹介した4つの意味のうち「完了」と「経験」はどこに行ってしまったのでしょうか．

　実はこの2つは，主に「結果」の意味の場合の「オプション」として存在しているものにすぎません．次の内容を記憶してください．

> 出来事動詞を用いた現在完了の文において，結果として生じている事態は，「完了」「経験」と表現できるものであることが多い．

　具体例で説明します．次の文を見てください．

　　I have seen the movie three times.
　　（私はその映画を3回見た）

　この文には「見たという出来事＋その結果生じている現在の事態」という2つの内容が含まれます．そしてこの文の「現在の事態」は，「3回見た結果，3回の視聴経験をもっている」というものだと考えられます．その事態は「経験」という言葉でとらえられるのです．

　なお，経験の意味がある場合は，「ことがある」という言葉を加えて訳すと，経験を感じさせる和訳になります．つまり，「私はその映画を3回見た<u>ことがある</u>」とするのです（「3回見た」のままでも問題はありません）．

　ほかにも2例ほど「経験」の例を見ましょう．

　　Have you ever eaten mutton?
　　（羊肉を食べたことがありますか）
　　I have never been to Hawaii.

（ハワイには行ったことがありません）

　最初の例は経験を尋ねるものです（疑問文は第6講で扱います）. ever は「これまでに」という意味です. この言葉を和訳に入れても問題ありません.
　2番目の文は未経験について述べられています. never は「一度も〜ない」という意味です. なお, この been は「行く」という意味の出来事動詞です. be動詞には「行く」「来る」という意味もあるのです.
「完了」の例に進みましょう. 次の文を見てください.

　　He has repaired the watch.

　この文で, 結果として生じている現在の事態はどのようなものでしょうか. 時計を直した結果, 時計はどうなるでしょうか.
　現在の事態は「時計は直っている」ということです. そしてこれは,「時計の修理は完了している」という内容だと考えることもできます.
　ほかにも完了の例を見ましょう.

　　We have just solved the problem.
　　（私たちはちょうどその問題を解決したところだ）

　この文には「問題との格闘は完了した」というニュアンスがあります.
　このように,「経験」「完了」は, 主に出来事動詞が用い

られた現在完了の文で，現在の事態を描写するための言葉にすぎません．現在完了の根本の意味を表す言葉である「結果」「継続」と同じ次元のものではないのです．

　なお「経験」は，状態動詞を用いた文から感じられることもあります．次のような例です．

　　My son has been a doctor for twenty years.
　　（息子は20年間，医者をしている）

　これは「〜だ」という意味の状態動詞である been が用いられている文です．「継続」の意味をもつ文ですが，「息子は20年間の医務経験がある」というとらえ方をすることもできます．

　いずれにせよ，「経験」「完了」はあくまでもオプションです．現在完了の意味は，「出来事動詞と状態動詞」という分類に関連させて，あくまでも「結果」と「継続」としてとらえるのが，最も合理的な理解の仕方なのです．

　まとめましょう．

> 出来事動詞を用いた現在完了 →「結果」の意味
> 状態動詞を用いた現在完了　 →「継続」の意味
> ＊特に「結果」の場合に，「完了」「経験」のニュアンスが存在する場合がある．

　ちなみに，あるベテランの言語学者がとある言語学関連の講演会で，「現在完了の意味を完了，経験，結果，継続の4つに分類して教える日本の英語教授法は，違和感があ

ります．欧米の文法書で現在完了の部分を見ても，そのような分類は一般的ではありません」と発言していました．

　もちろん欧米の教科書が絶対，というわけではないのですが，この現在完了の分類に関しては，ここまでに述べた通り，あくまでオプションにすぎない「経験」「完了」を，本来の2つの意味である「結果」「継続」と同じレベルに位置づけているのは不適切です．

　おそらく，日本の英語教育の歴史において，いつかどこかで誰かがこの4つに分けて教えたのでしょう．そして，この教授法に対して特に大きな疑問がもたれないまま，広く受け継がれてきたというのが実態だろうと思われます．これはまさに，第1講の「オリエンテーション」で述べた「改良すべき点」の1例なのです．

▎同じ動詞がもつ「出来事」と「状態」の側面

　以上のことを押さえれば，現在完了の意味は簡単に理解できる，ということになりそうですが，動詞の意味について，1つ大きな注意事項があります．それは，同じ動詞であっても，出来事動詞と状態動詞の両方で使われることがありうるということです．

　use という動詞について考えてみましょう．これは「使う」という意味です．たとえば I used this tool yesterday.（きのう私はこの道具を使った）という文の used は，明らかに1回の出来事です．use は出来事動詞だといえます．したがって，この意味の use が現在完了で用いられた場合は，「結果」の意味になります．例を示します．

　　I have used this tool twice.

　　（私はこの道具を 2 回使ったことがある）

　これは「過去に使った結果として，今，2 回の使用経験
がある」という内容です．

　ところが use は，状態動詞としての側面ももっています．
たとえば「ジャガイモの皮をむくときに，どんな手段を取
りますか」と尋ねられて，I usually use this tool.（私は普
段はこの道具を使う）と答えたとします．

　この場合の use は出来事よりも，状態に近いものだとい
えます．なぜならこの文は，「私がこの道具を使うという
出来事がある」という意味よりは，「私は日々の料理の際
に，この道具を使っている」「私はこの道具の使用者だ」
といった意味に近いからです．つまり，この I usually use
this tool. という文は，I am a user of this tool.（私はこの
道具の使用者だ）という文に近い意味のものなのです．

　この am は「〜だ」という意味なので，紛れもなく状態
動詞です．とすると，元の I usually use this tool. という
文の use も状態動詞だと考えられます．

　そして，この意味の use を用いて現在完了を用いた場合，
文は継続の意味を表すことになります．例を見ましょう．

　　I have used this tool for ten years.

　　（私はこの道具を10年間使っている）

　for ten years があることから，継続の意味だということ
は明らかです．

このように，ある動詞が「出来事動詞なのか，状態動詞なのか」の判別は，一筋縄にはいきません．これが大きな原因となり，『ジーニアス英和辞典』では，動詞に関するこの分類が表記されなくなりました．これについて説明しましょう．

　17ページで述べた通り，英和辞典においては，可算名詞に $\boxed{C}$ のマークがあり，不可算名詞には $\boxed{U}$ のマークがあります．また，59ページで述べましたが，自動詞には圓，他動詞には㉘のマークがあります．そして『ジーニアス英和辞典』では，かつて，動詞の意味ごとに $\boxed{D}$ と $\boxed{S}$ のマークがついていました． $\boxed{D}$ が本書の「出来事動詞」を表す記号であり， $\boxed{S}$ が本書の「状態動詞」を表す記号です．ところが2001年発売の「第3版」から，この $\boxed{D}$ ／ $\boxed{S}$ 表記が行われなくなりました．

　その理由について，版元である大修館書店の機関誌『G.C.D. 英語通信』（2003年11月号）で，「 $\boxed{S}$ $\boxed{D}$ 表示が誤解を招く場合があること，どちらともいえないケースが多いこと」と述べられています．**文脈や状況によって，「出来事」と「状態」を行ったり来たりする動詞があまりにも多く，クリアーな分類が困難なのです．**

　仮にこの両面性をいちいち表記した場合，辞書じゅうに「これは基本的には $\boxed{D}$ だが，場合によっては $\boxed{S}$ 」「本来は $\boxed{S}$ であるものの， $\boxed{D}$ としての性質を垣間見ることができることも少なくない」といった情報を盛り込むことになります．こうなると辞書の紙面があまりにも煩雑になってしまいます．

　もちろん，大まかには，動詞は「出来事」か「状態」か

に分けられるので，それを記号化し，辞書表記として反映させたという試み自体は大きな意義があることです．ただ同時に，分類の表記を取りやめた事実から，動詞がいかに繊細なものかということがよくわかります．

　話を use に戻しましょう．この動詞は，ちょっと考えただけでは，出来事動詞だとしか感じられません．ところが上述の通り，状態動詞でもあり，この場合に現在完了の形になると，文は継続の意味になります．

　結局のところ，現在完了の意味が「結果」なのか「継続」なのかを判断するには，用いられている動詞の意味と，文脈を常に考えながら，毎回，丁寧に見極めるしかないのです．面倒なようですが，これは翻訳機にはできない，人間だからこそ味わえる知的な作業だといえます．

▍「恋しちゃったんだ」の英訳

　冒頭の〈設問〉に戻りましょう．まず「恋しちゃったんだ」が，どのような意味を表すかを考えましょう．

　次のような状況です．

「恋しちゃった」とは，過去のある時点で「恋に落ちる」（＝恋愛中でない状態から，恋愛中である状態に変わる）という出来事があり，その結果として，今，恋愛中である，恋をしているという事態がある，ということです．これは

まさに，出来事動詞を用いた現在完了の文が表す状況にほかなりません．解答は次のようになります．

　　I have fallen in love.

　さて，この「恋しちゃったんだ」を何人かの英語が得意な方々に英訳してもらったのですが，ほとんどの人は上のように現在完了で訳しました.
　ところがある知人（その方は長期間の在米経験があり，流<ruby>暢<rt>りゅうちょう</rt></ruby>なアメリカ英語を話します）は，次の訳でした．

　　I fell in love.

　つまり過去形の動詞を用いたのです．この文では，今どうなっているかは不明のはずです．84ページで He cleaned the room. という例文の意味を図にした際に，「現在」のところに「？」を記した通りです.
　すると，この I fell in love. は「恋しちゃったんだ」の英訳として誤りだということになりそうです．
　ところが実は，これも正解なのです．実際，日本語も堪能なあるネイティブスピーカーに，「恋しちゃったんだ」の英訳として，現在完了と過去形のどちらを用いるべきかと尋ねたら，「両方オーケー」との回答を得ました．以下に，過去形でもかまわない理由を説明します．

▍現在完了の意味を取り込みつつある過去形
　現在完了の用法として，次のことを知ってください.

特にアメリカ英語では，過去形が，現在完了の意味と
して用いられることが多い.

では，なぜ過去形が現在完了の意味になりえるのでしょ
うか．ここで，次の対話文を見てください．

　A：What did you do with that old bicycle?
　　　（あの古い自転車はどうした？）
　B：I threw it away. I thought you didn't want it any
　　　more.
　　　（捨てたよ．君はもう要らないだろうと思って
　　　ね）
　　　　　　　　　　（大学入試センター試験　1992年度追試験）

　Bの発言のI threw it away. に着目してください．捨て
てしまってその結果，今はもう手元にないのなら，過去形
の threw ではなく，現在完了の have thrown とすべきであ
るように思われます．現在完了を用いることにより，「過
去に捨てたという出来事があった → その結果，もはや自
転車は手元にないという事態がある」ということを明確に
示すことができます．ところが，ここでは過去形になって
います．これはなぜでしょうか．
　自転車が手元に存在しないという事実は，言うまでもな
いことだからです．そもそもAは，手元に自転車がないと
いう事態があるからこそ，Bに自転車の行方を尋ねていま
す．そのAに対して，Bが「廃棄の結果，自転車は今は手

元にない」ということなど，伝える必要はありません．廃棄処分をするという出来事があった，ということのみを伝えれば十分です．だからこそ，過去形の threw で済ませているのです．

このようにアメリカ英語では，現在完了の意味を表すのに過去形で済ませる傾向があるのですが，この傾向が続けば，いずれは現在完了が消滅して，過去形だけになります．80ページで図示した通り，日本語では，過去の意味をもつ助動詞「き」「けり」と，完了の意味をもつ助動詞「つ」「ぬ」「たり」「り」が，「た」という1語にまとまったのですが，これと同じような，「2つが1つになる」という現象が，特にアメリカ英語では見られつつあるのです．日本語と英語で同じような文法現象を共有しているのです．

これは大いに興味深いことです．表面的には異なる言葉どうしでも，「人間の意思伝達手段としての言語」という根本の部分が同じである以上，共感でき，わかりあえる何かを見出すことができるのです．そしてこんな発見があるのもまた，外国語学習の1つの楽しみだといえます．

ちなみに，なぜアメリカ英語では過去形で済ませる傾向があるか，現在完了が好まれないか，ということに関して鋭い考察があります．次の引用を見てください．「p.p.」は「過去分詞形」という意味です．

have + p.p. は「（歴史的に）振り返って見れば...」という意味を抱えている　（鬼塚幹彦『英文解釈これだけは』）

そして続けて，「この意味を抱えていることを意識する

こと，そのことによって筆者が用いている歴史的視点を共有することができます」とも述べています．つまり，現在完了の文には，「歴史」の意味が込められている，ということです．「歴史」という言葉が大げさであれば，「過去を引きずった現在」というとらえ方もできるはずです．85ページで示した図も，86ページで示した図も，単に現在のことを述べているのではなく，過去を引きずったうえでの現在が記されています．過去と現在が，何らかの形で結びついているのです．

　上記の鬼塚氏は，「歴史のない（歴史の短い）アメリカが，"歴史"を表す現在完了を好まないのは自然なことだ」という旨のことをどこかでおっしゃっていました．これはつまり，長い過去を引きずっていないアメリカ人は，「過去を引きずったうえでの現在」を表す現在完了を好まない，ということです．国家の性質が，その国民が話す言葉に反映されているというわけです．

　もちろんこの説の妥当性について，完全な立証はできないのかもしれませんが，言葉を学ぶことの面白さ，言葉の奥深さが大いに感じられる1つの現象ではないでしょうか．

　英語力が上達し，実際に使いこなすのは言うまでもなく楽しいことですが，そのための修業である文法学習においても，多くの知的な喜びの源が転がっているのです．

受動態
発想の違いが引き起こす困難

〈設問〉

１ 次の文を英訳しましょう.

(1) 私はトムから興味深い地図を見せてもらった.
(2) このスペースはきれいにしておかなくてはならない.
(3) この部屋にエアコンが取り付けられた.
(4) 私たちはその話に感動した.

２ 次の英文には誤りがあります. 右の和訳にふさわしい文に改めてください.

He promoted last week.（先週, 彼は昇進した）

---

§1 英語の受動態の基本3パターン

受動態とは何か

受動態, つまり受け身の文とは, どのようなものでしょうか. 意味のうえでは「～される」「～されている」という内容の文だといえます. 形のうえでは, 英語の受動態の文は, 「**O**（目的語）を **S**（主語）にして書き換えた文」だといえます. 元の文（**能動態**）からの変形としてとらえ

ることができるので，受動態の文は，第3講 §2「修飾語
と助動詞」で示したワク内（66ページ参照）の「**2** 形が
変わる」の具体例です．

　第3講で，英語の文は5つの文型に分けられることを説
明しました．5文型のうち，**O**が存在する文は，第3文型，
第4文型，第5文型の3つです（54ページ参照）．という
ことは，受動態の文には，次の3種類があるということで
す．

　　第3文型の受動態
　　第4文型の受動態
　　第5文型の受動態

▎受動態が苦手な人の多い理由

　多くの人が受動態を苦手としています．受動態の文を生
み出すのも，また，理解するのも難しいと感じている人が
多いのです．そしてその理由として，次の2つを挙げるこ
とができます．

---

1 シンプルな形である第3文型の受動態にばかりな
じんでいる．
　→ 他のパターンに対応できない．
2 日本語では受動態の文でないものの多くが，英語
では受動態で表現される．
　→ 必要な場合に受動態を用いることができない．

それぞれについて説明していきます．

▌第3文型の受動態ばかり学習しがち

　まず❶の「シンプルな形である第3文型の受動態にばかりなじんでいる」です．上で述べた通り，受動態には3種類のものがあるのですが，中学校，あるいは高校で受動態を学ぶ際の例文は，大半のものが第3文型の受動態です．一部の第5文型の受動態や，まれに第4文型の受動態も学習対象になりますが，圧倒的多数がシンプルな第3文型の受動態なのです．

　この結果，第3文型以外の受動態が大きな死角となっています．理解するのに苦労することが多く，自ら生み出すこともできません．自分が見聞きしたことのない文，あるいはほとんど触れたことのない文を，理解したり話したりすることができないのは当然のことです．

　その死角をなくすために，今から上のすべてのパターンを丁寧に見ていくことにします．

▌「能動態→受動態」のプロセス

　まずは，能動態の文を受動態に変形させる手順を示します．

　手順1　OをSにする（第4文型は，O_1をSにする）．
　手順2　動詞の前に be動詞を加える．
　手順3　動詞を過去分詞形にする．
　手順4　能動態のSを「〜によって」として受動態でも
　　　　　示したい場合は，文末に「by 〜」を置く．
　【注意事項】
　能動態において，O（目的語）の後ろにC（補語）や

修飾語が存在する場合は，受動態では，これを過去分詞形の動詞の後ろに置く．

最後に示した【注意事項】こそが，受動態を攻略する大きなカギの1つになるのですが，まずは最もシンプルな具体例を見ましょう．

第3文型の受動態

以下は，第3文型の文が受動態になるプロセスです．

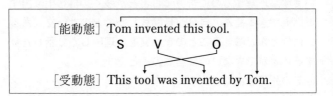

［能動態］Tom invented this tool.
　　　　　S　　V　　　O

［受動態］This tool was invented by Tom.

それぞれの文の訳は，次の通りです．

トムがこの道具を発明した．
この道具はトムによって発明された．

このシンプルなパターンが，学校で「受動態」として習うものの典型的な例です．これは対応できる人が多いのです．つまり，このパターンの文なら理解でき，また作れるのです．
他の例もいくつか見てみましょう．

The job was completed by his sons.

（その仕事は彼の息子たちによって終えられた）

My bicycle was stolen.

（私の自転車が盗まれた）

This product is widely accepted in Canada.

（この製品はカナダで広く受け入れられている）

　2番目と3番目の文では，「by ～」の情報が書かれていません．2番目の文は，盗んだ人が誰なのかわからないという状況です．わからない以上，書きようがありません．3番目は by Canadian people であることは明らかです．

　このように，不明な場合や，明白である場合などは特に，「by ～」の情報は落ちるのです．

▌第4文型の受動態

　次のパターンに移ります．ラインの下を隠して，自力で受動態の文を作ってみてください．

［能動態］They gave him a toy.

　　　　　 S 　　V 　 O₁ 　 O₂

　　　　　（彼らは彼におもちゃを与えた）

［受動態］He was given a toy by them.

　　　　　（彼は彼らからおもちゃを与えられた）

　影をつけた部分に注目してください．第4文型では O₁ の後ろに O₂ がありますが，受動態にした場合は，これが動詞の直後に置かれることになります．

わずか１つの要素ですが，このO₂の存在が厄介なのです．読む際には，これを確実に「〜を」と読めなければなりませんし，逆に「Ｓが／は（〜から／〜に）…を－された」という内容を英訳する場合は，受動態のこのパターンを用いるのだと思い浮かばなければなりません．そして「…を」の情報は，誤ることなく「be動詞＋過去分詞形の動詞」の直後に置けなくてはなりません．He was given までは出せても，その後ろにスッと a toy を置くのは，この型に慣れていないと意外に難しいのです．

　なお「〜から／〜に」の部分をカッコでくくったのは，この情報が述べられないこともあるからです．上述の通りです．

　他の例も見ましょう．ここでは英訳の練習をします．まずは日本語を示しますので，英文の全体がどのような型になるかを考えてみてください．

　　　私は父からそのニュースを告げられた．
　　　ボブはリサから手紙を手渡された．

　ともに「Ｓが／は（〜から）…を－された」という内容なので，第４文型の受動態の出番となります．

　　　I was told the news by my father.
　　　Bob was handed a letter by Lisa.

　影をつけた部分を「be動詞＋過去分詞形の動詞」の後ろに置けるか，ということが最大のポイントです．

なお，いきなり受動態の文を作るのが難しい場合は，能動態の文を用意して，これを受動態に書き換えればいいのです．それぞれの，元の能動態は次の文です．

My father told me the news.
Lisa handed Bob a letter.

これらを出発点にして，先ほど示した手順に沿って変形させれば，求められる文は完成します．

▋ 第 5 文型の受動態

次に，以下の 3 文の読解に挑んでください．同じ型の文ですが，1 つだけ特にわかりやすいものがあるはずです．

⑴ He was left alone by his parents.
⑵ He was considered a genius by everybody.
⑶ He was named Jack by his father.

いずれも，次のプロセスを経て作られた文です．

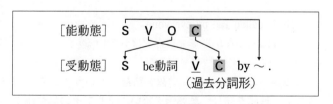

⑴～⑶はすべて，元の文が第 5 文型です．能動態の文では O の後ろに C があり，これが受動態の文では「be動詞

＋過去分詞形の動詞」の後ろに置かれています（alone, a genius, Jack の部分です）．そしてこの部分は，それぞれ「〜に」（「ひとりぼっち<u>に</u>」），「〜だと」（「天才<u>だと</u>」），「〜と」（「ジャック<u>と</u>」）と解釈できなければならないのですが，このうち(3)が圧倒的に理解しやすかったはずです．

▌ 場数を踏むこと，慣れることの大切さ

(1)も(2)も(3)も，全く同じ構造の文です．それなのに，(3)が理解しやすいのはなぜでしょうか．

それは，name や call が用いられた文の受動態は，中学からの英語学習で扱われることが多いからです．次のような情報処理を，中学以来，何度もこなしてきているのです．

name, call が用いられた文の受動態では，過去分詞形の動詞の後ろにある名詞を，「〜と」と解釈する．

この作業に対する慣れができているので，(3)は理解に苦しむことがないのです．また，次の文も理解しやすいはずです．

He is called Joe by everyone.
（彼はみんなから<u>ジョーと</u>呼ばれている）

ここからわかるのは，「場数を踏む」ということの大切さです．理屈を知り，具体例を扱い，そしてその具体例に何度も接することによってのみ，難なく理解し，自在に書いたり話したりできる表現になっていくのです．

　つまり，今は難しいと感じている(1)や(2)のようなパターンの文も，今後，多くの演習を積むことによって，確実に使いこなせる表現になるということです．

　さっそく，ここで少し慣れを作りましょう．次の5つの文で，「〜が／は…に—される」「〜が…だと—される」という意味をもつ文になじんでください．

　　He was appointed a lecturer.
　　　（彼は講演者に指名された）
　　She was elected a member of the committee.
　　　（彼女はその委員会のメンバーに選ばれた）
　　His address was made public.
　　　（彼の住所が公にされた）
　　The vaccine was pronounced safe.
　　　（そのワクチンは安全だと宣言された）
　　The article was confirmed false.
　　　（その記事は虚偽だと確認された）

　このような例に慣れれば慣れるほど，確実に理解できるようになり，また逆に「〜が／は…に—される」「〜が…だと—される」という内容の文は，この型の受動態で表現すればいいのだとわかるようにもなります．

§2 「SVO＋前置詞＋名詞」の受動態

▌基本的な前置詞の意味の多さ

　ここまで，第4文型の受動態と第5文型の受動態の難し

さを見てきましたが，第3文型の受動態の中にも，これらと同様の難しさを抱えたものがあります．それは「3つの名詞を求める動詞」が用いられた文の受動態です．

　これより，「3つの名詞を求める動詞」とは何かということを説明しながら，このもう1つの面倒な受動態について見ていくことにします．

　ではまず，次の2文の意味を考えてみてください．(1)のdeprive は「奪う」，(2)の provide は「供給する」という意味です．

(1) He was deprived of his bag.
(2) They were provided with food.

　(1)の of は「の」と訳していいでしょうか．(2)は「それらは食糧と供給された」と訳していいでしょうか．
　これらの文を訳す際の最大のポイントは，それぞれの前置詞を次のように訳せるか，ということです．

of his bag → バッグを
with food → 食糧を

皆さんは，of は「の」，with は「と」（または「で」）と訳す単語として記憶しているはずです．それなのに，ここでは想像もつかない訳になります．

　そもそも，基本的な前置詞は訳語のバリエーションが豊かです．このことは，英和辞典で上の前置詞や in, on, at, for, to, over などを引いてみればわかります．「この前置詞にはこんな訳もあったのか!?」というような発見が多いのです．そして，このような意外な訳との遭遇が起こる典

型的な場面の1つが,「3つの名詞を求める動詞」が用いられた文です. そしてこの文が受動態になると, いっそう訳出が難しくなります.

　では, この「3つの名詞を求める動詞」とは何でしょうか. 第4講で, 動詞を「出来事動詞」と「状態動詞」に分けました. 動詞はいろいろな基準で分類できるのですが,「どれだけの数の名詞の情報を求めるか」という点からの分類も可能です. この分類は, 一般に強く意識されるものではないのですが, これを知ることにより, 動詞の用法の一端が明らかになります. そして英語の表現力が増し, さらに英和辞典から, より多くの情報を吸収できるようになります.

▌ 1つの名詞を求める動詞

　まず appear（現れる）という動詞の意味と用い方について考えてみましょう. 現れる以上, 何かが現れます. 1つの名詞を示さなければ, 文は完結しません. たとえば A monster appeared.（怪物が現れた）というように, 動詞の前に主語を置くことによって, appear から生じる「何が?」の疑問が満たされます. この意味で, appear は「1つの名詞を求める動詞」だといえます. ほかに die（死ぬ）や disappear（消える）なども同じです.

▌ 2つの名詞を求める動詞

　次に eat（食べる）という動詞について考えましょう. 食べる以上,「誰かが, 何かを」食べます. そして, たとえば My son ate an apple.（息子がリンゴを食べた）とい

うように，動詞の前後に名詞を1つずつ，合計2つ置くことによって，eat が求める情報を満たします．この意味で，eat は「2つの名詞を求める動詞」だといえます．

ちなみにこの「2つの名詞を求める動詞」は，上のような「名詞 動詞 名詞 .」という型（つまり第3文型）になるのではなく，「名詞 動詞 前置詞 名詞 .」という型になることもあります．次のような文です．

Kenta listened to the music.
（健太はその音楽を聴いた）
Ayano graduated from Waseda.
（彩乃は早稲田を卒業した）

listen の後ろには前置詞 to を置く必要があり，graduate の後ろには前置詞 from を置く必要があります．これらの文の文法構造を見てみましょう．

Kenta listened to the music.
　S　　　V　　　動詞修飾語（listened を修飾）

Ayano graduated from Waseda.
　S　　　　V　　　動詞修飾語（graduated を修飾）

ともに「第1文型＋修飾語」という構造の文です．第1文型で用いられる動詞なので，listen, graduate は自動詞です（自動詞／他動詞と，文型の関係については60ページ参照）．

このように,「2つの名詞を求める動詞」は, 2つのパターンに分かれるので, 動詞ごとに次のことを記憶しておかないと, 正しく文を生み出すことができません.

- 他動詞なのか, 自動詞なのか.
- 自動詞の場合, 用いる前置詞は何か.

これを知るためにも, 英和辞典の⑩と⾃の表記は頼りになります. eat を引けば, ⑩と載っているので,「前置詞は不要なのだな」とわかります. 一方, listen, graduate を引けば⾃の表記があり, しかも用いるべき前置詞の to と from も記載されています.

英和辞典は, 単に単語の意味を調べるためだけのものではありません. 英文を書き, 話す際にも頼りになる, 凄まじい武器なのです.

▍3つの名詞を求める動詞

次に, steal（盗む）という動詞の意味と用法を考えましょう. 盗む以上「誰かが, 何かを, どこかから」盗むのです. 名詞の情報が3つ必要です. steal は「3つの名詞を求める動詞」だといえます. そして, たとえば次のように用いられます. なお, この文の safe は「金庫」という意味の名詞です.

The man stole a watch <u>from the safe</u>.
　　　 S 　 V 　　 O 　　動詞修飾語（stole を修飾）
　（その男は時計をその金庫から盗んだ）

「3つの名詞を求める動詞」を用いる文のほぼすべては,

上のように「第3文型＋前置詞＋名詞」という型の文になります（残りは第4文型などです）．ここでも「前置詞＋名詞」は，動詞に対する修飾語です．

このような「3つの名詞を求める動詞」に関しても，動詞ごとに用いるべき前置詞が決まっています．そして英和辞典には，多くの動詞に関して，用いるべき前置詞が記載されています．ぜひ，お手持ちの辞典で steal を引いてみてください．from の表記が見つかるはずです．

さらに，2つ目の名詞と，3つ目の名詞の順序も決まっています．上の文の stole 以下を入れ替えて，stole the safe from a watch としてはならないのです．

さて，上の文では from が「から」と訳されており，前置詞と和訳との間に意外性はありません．ところが，この「3つの名詞を求める動詞」が用いられた文では，前置詞が思いもつかないような訳になることが多いのです．具体例を見ましょう．

　　(3) The man robed her of her wallet.
　　(4) These tasks faced me with great challenges.

rob は「奪う」です．奪う以上，「誰かが，誰かから，何かを」奪います．rob は3つの名詞を求めます．そして，上の文のように「A rob B of C.」の型で用います．

この動詞の用法に慣れていない段階では，この of の訳に戸惑うことが多いものです．つまり，普段は「〜の」と訳している of を，「〜を」と訳さなくてはならないことに抵抗があるのです．

　(4)の face は「顔」「面」という意味の名詞ではなく，「直面させる」という意味の動詞です．直面させる以上「誰かが，誰かを，何かに」直面させます．そして，この情報は「A face B with C.」という型で表現します．つまり，この with は「〜に」と訳すのです．それぞれの訳を示します．

> (3) The man robbed her <u>of</u> her wallet.
> 　（その男は彼女から財布<u>を</u>奪った）
> (4) These tasks faced me <u>with</u> great challenges.
> 　（これらの仕事は私を大きな困難<u>に</u>直面させた）

▎3つの名詞を求める動詞が用いられた文の受動化

　以上のように，「3つの名詞を求める動詞」が用いられた文では，前置詞の訳に困難を感じることが多いのですが，これが受動態になると，いっそう厄介です．ただでさえ難しい文に対して，「受動態への変形」という複雑化が起こっているからです．

　上の2文を受動態にしましょう（by 以下は省略します）．

> She was robbed <u>of</u> her wallet.
> 　（彼女は財布<u>を</u>奪われた）
> I was faced <u>with</u> great challenges.
> 　（私は大きな困難<u>に</u>直面させられた）

　これらの文は，次のような変形を経た結果のものです．

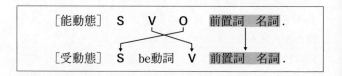

　上の2文において，下線部の前置詞をすんなり訳すには，極めて大きな壁があります．きちんと訳すためには，前もって rob, face の正しい用法を記憶していなくてはなりません．用いられる前置詞と，その訳を記憶しておく必要があります．そのうえで，受動態への変形にも耐えなくてはなりません．

　ここで，この§2の最初に示した2文に戻りましょう．

　(1) He was deprived of his bag.
　(2) They were provided with food.

　deprive（奪う），provide（供給する）の用法が問題となります．これらはともに「3つの名詞を求める動詞」であり，次のように用います．

　　A deprive B <u>of</u> C.（AがBからCを奪う）
　　A provide B <u>with</u> C.（AがBにCを供給する）
　　＊A provide C <u>for</u> B. という型も可．

　このことが頭に入っていて，また，受動態への変化に対応することができれば，(1)，(2)は次のように訳せます．

(1) He was deprived of his bag.

　　（彼はバッグを奪われた）

(2) They were provided with food.

　　（彼らは食糧を供給された）

　下線部を「を」と訳せるかが最大のポイントなのです.

　この(1), (2)のような文は, 和訳するだけでもこれだけ大変ですが, 逆にこのような英文を自ら作り出すのはいっそうの難事となります. まず,「3つの名詞を求める動詞」の一つひとつの用法を正確に記憶していなければなりません. そして, このような動詞が用いられた文を受動態にするための手順を正確に覚えておき, これに沿って正しく受動態にしなければなりません.

　この2文の読解を通じて, 深く認識してほしいことが2つあります.

---

(1) 外国語の文のうち, 直感的に理解できる部分は極めて限られている.

(2) 一見すると難しい文でも, 正しい筋道をたどれば理解できる. また, 直観的に生み出せない文も, 理屈を理解し, 具体例を覚えていけば, 次第に生み出せるようになっていく.

　英語学習において,「理屈, 理論抜きでも, 場数を踏んでいればなんとなく英語の感覚が養われていき, そのうち高い英語力が獲得できる」というような筋書きは期待できないのです. of 〜や with 〜を「〜を」と訳すということ

など，いくら直感を働かせても，想像がつきません．**直感，フィーリングに頼ってしまうと，英語学習はすぐに頭打ちになります．**

　私たちは，すでに一定の年齢に達した外国語話者であり，母語と同じような方法での言語習得，つまり，その言葉に囲まれながら暮らしているうちに，いつのまにかそれを習得する，というような道筋でのマスターは望めないのです．

　厳しい現実のようですが，外国語学習は，厳しいだけでもないのです．上の囲みの(2)のような事実もあるのです．緻密に理論立てて文法を学んでいけば，パッと見てよくわからない文も，きちんと理解できるようになるのです．そして演習を積むごとに，少しずつダイレクトに理解できるようになっていきます．そして，いろいろな英文を生み出せるようになります．まさに「急がば回れ」なのです．

§3　日本語では「非受動態」でも，英語では受動態

▎受動態の文を作る際のもう１つのハードル

　次に，受動態の難しさの２つ目に入ります．100ページのワクの**❷**，つまり「日本語では受動態の文でないものの多くが，英語では受動態で表現される」です．

　日本語では「～される」「～されている」という形ではない文なのに，英訳の際には受動態を用いるケースがしばしばあります．つまり英文を生み出す際には，「受動態の文の形を正しく作れるか」というハードルのみならず，「そもそも受動態を用いることを思いつくか」というハードルもあるのです．これについて見ていきましょう．

▌主語に立てる名詞が「する側」か「される側」か

まずは次の文を見てください.

　　この本は1週間以内に返却するべきだ.

　この文は,「この本は」で始まり, 用いられている動詞が「返却する」です.「〜される」「〜されている」という表現ではないので, 一見すると次のように英訳するように思われます.
- 主語は this book である.
- 受動態ではない形になる.

　ところが this book を主語に立てたのなら, 文は受動態でなくてはなりません.

　返却するのは利用者であり, 本は返却される側のものです. 英語では,「される側」のものが主語である場合は, 受動態を用いるのが原則です. 上の文の英訳は次のようになります.

　　This book should <u>be returned</u> within a week.

　次に, 以下の文を英訳することを考えてみます.

　　この道具は正しく使うと, 何年ももつ.

　道具は使われる側です. これを主語に立てた場合, やはり前半は受動態を用いることになります.

If this tool is <u>used</u> properly, it lasts for ages.

　英訳の際には，主語に立てる名詞が「する側」なのか，それとも「される側」なのかを常に考えるようにしてください．そして日本語では「〜される」「〜されている」となっていなくても，主語が「される側」「されている側」である場合は，受動態を用いることを心がけてください．

　さて，ここで見た2つの例では，主語が「される側」だということがわかりやすいのですが，そもそも「英語では，これを「される側」「されている側」として表現するのか!?」というようなケースもあります．こういった例では，いっそう受動態を用いることが困難になります．以下で，これの典型例を2つ知り，今後の間違いを未然に防ぐことにしましょう．

▍「なる→される」への転換

　次の文を英訳することを考えましょう．

　　トムはそのニュースに驚いた．

　動詞は「驚く」であり，この「トム」が「される側」であるという感じはしません．上の日本語の文からは，受け身のニュアンスは感じられないのです．

　ところが，この文を英訳すると次のようになります．

　　Tom was surprised by the news.

　つまり受動態になるのです（by ではなく at が用いられ
ることもありますが，その問題はここでは措きます）.
　なぜ受動態になるのでしょうか．少し考えてみてくださ
い.
　日本語の「驚く」は，「驚いていない状態が，驚いた状
態になる」という意味です．状態の変化を表します．いわ
ば「なる」の世界です．ところが英語ではこの状況を，ま
ずは次のようにとらえます.

　　The news surprised Tom.
　　（そのニュースがトムを驚かせた）

　主語はニュースなのです．そして，これを受動態にした
のが次の文です.

　　Tom was surprised by the news.

　この文の直訳は「トムはそのニュースに驚かされた」で
す．トムは，「する─される」の関係でいえば，された側
なので，たしかに受動態で表現することは理解できます.
ただ，日本語では同じことを表現するのに，「トムはその
ニュースに驚かされた」とは，あまりいいません．「トム
は驚いた」と表現することが多いのです．この点を考慮に
入れれば，上の受動態の文の訳は，「トムは驚かされた」
とせずに，「トムは驚いた」として問題ありません．むし
ろこのほうが自然な日本語になります.

上の英文を「トムはそのニュースに驚いた」と和訳して
いいということは，逆に「トムはそのニュースに驚いた」
を英訳する際には，受動態の文を用いるということなので
す．

　このように，日本語では「なる」でとらえる現象を，英
語では「される」でとらえることが多いのです．

　次に，以下の文を英訳することを考えましょう．

　　彼の評判が傷ついた．

「傷つく」という動詞は，「傷ついていない状態が，傷つ
いた状態になる」という意味です．やはりこれも「なる」
の世界です．ところが英語では，この状況を，まずは次の
ようにとらえます（彼の評判を傷つけた原因が，仮に「そ
のスキャンダル」だったとします）．

　　The scandal damaged his reputation.
　　（そのスキャンダルが彼の評判を傷つけた）

　そして，これを受動態にした文が次のものです（by the
scandal は削除します）．

　　His reputation was damaged.

　これが求められる英文になります．ここでもまた，日本
語の「なる」が，英語では「される」に転換されるという
現象が見られます．

　ここで，日本語の世界では，事象を「なる」でとらえる傾向があることについての興味深い記述を紹介しましょう．『英語の感覚・日本語の感覚』（池上嘉彦）では，結婚式への招待状によく用いられる表現である「私たちは結婚することになりました．」という文を取り上げ，これについて次のような考察がなされています．

　　結婚は両性の合意で決まるわけであるから，実際には（中略）「私たちは結婚します」と言えばよいのであろうが，そのように表現すると何か2人の決意があまりにも強く打ち出されていると感じられ，とくに目上の人への文面としては礼を失しているとでも考えられるのであろう．

　日本語はさまざまな面で，「する—される」の関係を「なる」にすり替えて表現する傾向があるのです．そして，私たちが「なる」でとらえているものは，英訳の際には「する—される」の関係に変換する必要があることが少なくないのです．

▌「〜（し）ている」→「〜されている」への転換

　次に，以下の文を見てください．

　　私はこの騒音に慣れている．

　この文の主語である「私」は，先ほどの「トムはそのニュースに驚いた」という文の「トム」以上に，「される側

っぽさ」「されている側っぽさ」を感じません．受動態の
ニュアンスがよりいっそう感じられないものです．
　ところがこれを英訳すると，次のようになります．

I am accustomed to this noise.

　受動態になるのです．accustom は「慣れさせる」とい
う意味の動詞です．したがって，上の文の直訳は「私はこ
の騒音に慣れさせられている」です．ところが日本語の世
界では，何かに対する慣れがあるという状況を「慣れさせ
られている」などとはいわないのが普通です．これではま
るで，強制的に騒音に対する慣れを作らされているような
感じになってしまいます．ここにも日本語と英語の発想の
ズレが見られます．
　上の文については，より緻密な分析をすることも可能な
のですが，ここでは次のように，一種の「型」としてとら
えておいてください．

> 「─は…に／を～（し）ている」という内容の多くを，
> 英語では「受動態＋前置詞＋名詞」で表現する．

　これは逆にいえば，英語の「受動態＋前置詞＋名詞」と
いう表現は，「～される」「～されている」という和訳にな
らないことも多い，ということです．
　ほかにも例を見ましょう．

I am interested in baseball.

（私は野球に興味をもっている）

We are satisfied with this house.

（私たちはこの家に満足している）

My son is scared of spiders.

（息子はクモを恐れている）

「興味をもたされている」ではなく「興味をもっている」,
「満足させられている」ではなく「満足している」,「恐れ
させられている」ではなく「恐れている」. 英文では受動
態ですが, 日本語文ではすべて「非受動態」です.

　なお, 用いる前置詞は動詞ごとに決まっているので, そ
れぞれを丁寧に覚えていく必要があります.

　ただし, このような「—は…に／を～（し）ている」と
いう日本語の内容が, 英語では必ず受動態で表現されるわ
けではありません. 次の文を見てください.

Jack is familiar with French literature.

（ジャックはフランス文学に精通している）

I am proud of my father.

（私は父を誇りに思っている）

familiar も proud も, 純然たる形容詞です. このような
例も多く見られるので, 「—は…に／を～（し）ている」
という内容を英訳する場合には, 受動態を使うか否か, そ
して用いる前置詞は何か, ということを毎度まいど考え,
正しい知識をもとに英文を組み立てなくてはなりません.
最初のうちは和英辞典と英和辞典をフルに活用する日々が

続きます．学習を重ねるごとに，知識がストックされてい
き，辞書に頼らなくても述べたい表現を繰り出せるように
なっていきます．

▎〈設問〉の解答

　冒頭の〈設問〉に戻りましょう．まずは英和辞典と和英
辞典を利用しながら，再挑戦してください．解答を作り終
えたら，以下の解説に進んでください．

　では**❶**の(1)「私はトムから興味深い地図を見せてもらっ
た」からです．この文は，「私は」で始まり，述語が「～
された」「～されていた」という形ではありません．しか
し，「私」は見せられた側です．ということは，Iを主語
に立てた場合，文は受動態になります．

「見せる」という意味の動詞として show が思いつくかと
いうこと，そして，第4文型の文を確実に受動態にできる
かということが問われています．show が用いられた文は
53ページで扱ったのですが，1度見ただけで，必要なとき
にそれを思い出して用いることができるとは限りません．
むしろできないのが普通です．少しずつ慣れていけばいい
ので，今，show が思い出せなかったとしても気にしない
でください．

　解答に至るためには，まずは次の文を用意します．

　　Tom showed me an interesting map.

　この文の構造を示します．

Tom showed me an interesting map.
　S　　　V　　O₁　　　修飾語　　　O₂

第 4 文型です．そして O₂に修飾語（interesting）が加わっています．これを受動態にしたのが次の文です．

I was shown an interesting map by Tom.

これが正解です．

⑵に進みましょう．「このスペースはきれいにしておかなくてはならない」です．This space を主語にして文を組み立てますが，space は「しておかれる側」なので，受動態になります．

「しておく」という意味の動詞として keep が思いつくかということ（53ページで学習しました），そして，第 5 文型の文を正確に受動態にできるかということが問われています．

この⑵では「しておく側」が書かれていないので，仮に he を主語に立てて，まずは能動態の文を作ってみましょう．

He must keep this space clean.

これを受動態にすると次のようになります．

This space must be kept clean by him.

問題文では「by him」の情報は求められていないので，これをカットすれば，正解の文が得られます．

　　This space must be kept clean.

　(3)に進みます．「この部屋にエアコンが取り付けられた」を英訳します．この文は述語が「取り付けられた」なので，受動態を用いることはわかるのですが，全体の型を正しく作れるかという点が課題となります．

　まずは「取り付ける」を和英辞典で引いてみましょう．すると，install という動詞が見つかります．さて，取り付けるのなら「誰かが，何かを，どこかに」取り付けるということであり，これはまさに「3つの名詞を求める動詞」です．今度は英和辞典に切り替えて install を引くと，用いる前置詞が in だという情報が記載されています．

　まずは能動態の文を作ってみましょう．エアコンを取り付けた人を，仮に he として文を組み立ててみます．

　　He installed an air conditioner in this room.
　　（彼がエアコンをこの部屋に取り付けた）

　では，これを受動態にしましょう．「3つの名詞を求める動詞」が用いられた文を受動態にする手順は，114ページの図で示しました．次の文が完成します．

　　An air conditioner was installed in this room by him.

最後に by him をカットしましょう.

An air conditioner was installed in this room.

これが正解の文となります.
⑷に入ります.「私たちはその話に感動した」を英訳します.「感動した」は,「感動していない状態から, 感動した状態になる」という意味であり,「なる」の世界です.ところが英語ではこの状況を「する─される」でとらえます. 次の文が出発点になります.「感動させる」は move です.

The story moved us.
　（その話が私たちを感動させた）

これを受動態にしましょう.

We were moved by the story.

これが求められる文になります.
最後は❷です.「先週, 彼は昇進した」の英訳として, なぜ He promoted last week. という文はふさわしくないのでしょうか. この第5講を読み終えた皆さんは,「受動態で表現するのではないか」という勘が働いたかもしれませんが, 果たしてその通りです.
「昇進する」は「より上の役職になる」という意味です.係長が課長になったり, 部長が社長になったりするので,

日本語の「昇進する」は,「なる」の世界です. 日本語では「受け身っぽさ」は微塵も感じられない表現ですが, 英語ではこれを「する―される」の関係でとらえます.

では正解の文を作っていきましょう. まずは主語を仮にLisa として次の文を用意します.

Lisa promoted him last week.
（先週, リサが彼を昇進させた）

promote は「昇進する」ではなく「昇進させる」という意味の動詞なのです.

この文を受動態にしましょう.

He was promoted by Lisa last week.

by Lisa の部分は, 求められていない情報なのでカットしましょう.

He was promoted last week.

これが正しい文になります.

まさか「昇進する」が受動態で表現されるなど, 予想もつきません. 日本語と英語の違いが際だつ問題です.

最後に1つ補足をしておきます. この第5講では「1つの名詞を求める動詞」「2つの名詞を求める動詞」「3つの名詞を求める動詞」の3つを扱いましたが, それぞれを専

門的な言葉では「1項動詞」「2項動詞」「3項動詞」といいます．動詞によって求められる名詞は「項」と呼ばれるのです．今後，英語学習が進み，レベルの高い書籍も読みこなせるようになったときに，この知識が活きてきます．ぜひ記憶の片隅に留めておいてください．

疑問文
正しく分類することの尊さ

〈設問〉

1 次の文を英訳しましょう.

(1) 本屋はどの階にありますか.

(2) 彼は何について話をしているのですか.

(3) 私は彼が病気かどうかを知らない.

2 次の英文には誤りがあります. その下の和訳にふさわしい文に改めてください.

(1) What should I do is a big problem.
（私が何をするべきかが大きな問題だ）

(2) I don't know when did he come here.
（私は彼がいつここに来たかを知らない）

---

§1 英語の疑問文

平叙文と疑問文

第5講では「能動態から受動態への変形」を扱いました. この第6講の前半では「平叙文から疑問文への変形」を扱います. これは, 第3講の66ページで示した3つの複雑化のうちの「**2** 形が変わる」の具体例です. なお**平叙文**と

は，自分から単に物事を述べる文です．

　そしてこの第6講の後半では，複雑化の3つ目である
「**3** パーツが拡大する」にも踏み込んでいきます．

▎疑問文の教え方の不適切さ

　第4講で，日本の一般的な学校教育では，現在完了につ
いて理想的な教え方がなされていないということを述べま
したが，現在完了よりもさらに問題点が多いのが「疑問
文」の教授法です．

　問題のある教授法の結果，大半の人が，ごくごく簡単な
内容の疑問文すら生み出すことができないまま停滞してい
ます．たとえば〈設問〉**1**の(1)の文など，身近な内容です．
ショッピングモールやデパートなどで，書店のあるフロア
を尋ねるなどというのは，難しい話でもなく，いわば普通
の会話です．そんな簡単な内容でありながら，正確に英訳
できる人は限られています．

　ではその問題点は，具体的にはどのようなものでしょう
か．2つあります．1つは「不適切な分類」です．疑問文
は，通常，次のような分類を中心にして学びます．

　　人を尋ねる　　→ who を用いた疑問文になる

　　物を尋ねる　　→ what を用いた疑問文になる

　　場所を尋ねる → where を用いた疑問文になる

　　時を尋ねる　　→ when を用いた疑問文になる　　　など

　これは，どの疑問詞（who, what, where, when などを疑
問詞といいます）を用いるかを基準にした分類ですが，こ
の分類に従って疑問文を学ぶのは大きな問題があります．
というのも，同じ who を用いた疑問文であっても，疑問

文の作り方は1つではありません．what にも同じことが
あてはまります．すると，上の分類を採用した場合，そこ
からさらに枝分かれして，話が込み入ってしまい，効率の
悪い学習となります．別の分類を採用したほうが，格段に
スッキリと理解できるのです．

　さて，仮に上で示したような分類法を採用したとしても，
疑問文の作り方の規則を一つひとつ丁寧に扱うのであれば，
効率は悪いものの，疑問文はマスターできます．ところが
疑問文の学習では，「例文の提示→類例の提示」という流
れがメインになってしまっていることが多いのです．「例
をいくつか見せておくから，あとは慣れてね」といった感
じのスタンスになってしまっており，肝心の「平叙文を疑
問文にするための手順」が明確に示されないことが多いの
です．これが2つ目の問題点です．

　ここで，以下を見てください．

　　平叙文：彼は<u>京都で</u>生まれた．
　　疑問文：彼は<u>どこで</u>生まれたのですか．

　　平叙文：<u>浩二が</u>一番上手に歌う．
　　疑問文：<u>誰が</u>一番上手に歌いますか．

　　平叙文：タケシは大阪で<u>ツチノコを</u>捕まえた．
　　疑問文：タケシは大阪で<u>何を</u>捕まえたのですか．

　日本語では，尋ねたい部分が文中のどの位置にあっても，
それをそのままの位置で疑問詞に替えて，文末の形を「～

か」という形にすれば，大半の文が疑問文になります．この点では，日本語は疑問詞を用いた文をかなり容易に作れる言語だといえます．

ところが英語の場合は，「疑問詞を文頭に移動する」「他の語とセットで移動する」「文の中の部分が入れ替わる」などといった規則に従ったうえで生まれるものです．この規則は厳密であり，また数多くあります．

このような事実があるので，この規則を順序立てて学ばないかぎり，英語の疑問文を正確に作り出すことはできません．慣れでどうにかなる分野ではないのです．日本語と英語で大きなズレがある文法項目であり，丁寧な学習が必要になります．

仮に冒頭の〈設問〉ができなくても，それは能力の問題ではありません．単に規則を習得していないだけのことですから，今回の講義で必要な規則をマスターすれば，必ずできるようになります．

疑問文の最初の2分類

英語の疑問文は，まずは次の2つに分かれます．

(1) yes か no かを尋ねる疑問文（yes-no疑問文）
(2) 具体的な情報を尋ねる疑問文（疑問詞疑問文）

(2)では who, what, where などの疑問詞が用いられるので，これは「疑問詞疑問文」と呼ばれます．

yes-no疑問文（文中に be動詞または助動詞がある場合）

まずは(1)です．平叙文を，yes か no かを尋ねる疑問文にするための手順は，2つに分けて考える必要があります．

---

① 文の中に be動詞または助動詞がある場合
② 文の中に be動詞も助動詞もない場合

順に見ていきましょう．

be動詞または助動詞がある文を yes-no疑問文にするには，次の手順を加えます．

手順 be動詞または助動詞を S（主語）の前に出す．

疑問文の文末には，ピリオドではなく疑問符，つまり"？"を置きます．ではこの手順に従って，次の文を yes-no疑問文にしてみてください．

Kazuo is a doctor.（和男は医者だ）

She was deceived by her son.
（彼女は息子に騙された）

Your daughter has read my blog.
（お嬢さんは私のブログをお読みになったことがありますよ）

Ken's son can swim.（ケンの息子は泳げる）

すべて be動詞，または助動詞が存在する文です．これを主語の前に出したうえで，ピリオドを？にすれば完成し

ます.

> Is Kazuo a doctor?（和男は医者ですか）
> Was she deceived by her son?
> （彼女は息子に騙されたのですか）
> Has your daughter read my blog?
> （お嬢さんは私のブログをお読みになったことがあり
> ますか）
> Can Ken's son swim?（ケンの息子は泳げますか）

3番目の文は現在完了です. この has は助動詞なのでし
た（72ページ参照）.

▌yes-no疑問文（文中に be動詞も助動詞もない場合）

次は, 文の中に be動詞も助動詞もない場合です. こち
らは少し面倒な手順になります.

手順1 文を「do, does, did を加えた形」にする.
手順2 do, does, did を S（主語）の前に出す.

この手順を踏んだあとに, ピリオドを？にします.「do,
does, did を加えた形」の正確な説明を以下に示します.

---

① 動詞が現在形であれば, その前に do か does を加
える.
　(a) 主語が I, you, 複数のものであれば, do を加える.
　(b) 主語が上記以外であれば, does を加える.

---

② 動詞が過去形であれば，その前に did を加える．
  ＊does, did を加えた場合は，動詞を原形にする．

ちなみに，これらの do, does, did は助動詞です．
では疑問文を作りましょう．次の文を yes-no疑問文にしてみてください．

John likes dogs. （ジョンは犬が好きだ）
They know my name.
 （彼らは僕の名前を知っている）
He used this tool. （彼はこの道具を使った）

まずは，それぞれを次の形にします．

John does like dogs.
  ＊likes を原形の like にすることに注意．
They do know my name.
He did use this tool.
  ＊used を原形の use にすることに注意．

そして，do, does, did を文頭に出して，ピリオドを？にすれば完成します．

Does John like dogs? （ジョンは犬が好きですか）
Do they know my name?
 （彼らは僕の名前を知っているのですか）
Did he use this tool? （彼はこの道具を使いましたか）

▌疑問詞疑問文の分類

次は疑問詞疑問文（疑問詞を用いた疑問文）に入ります．これは，尋ねる対象によって分類することにより，最も効率よくマスターすることができます．尋ねるものは次の9種類です．

---

① 文中でS（主語）としてはたらいている名詞．
② 文中でC（補語）としてはたらいている名詞．
③ 文中でO（目的語）としてはたらいている名詞．
④ 文中で前置詞のO（前置詞の目的語）としてはたらいている名詞．
⑤ 文中で名詞修飾語としてはたらいている部分．
⑥ 文中で示されている出来事／状態の場所，時，方法，理由．
⑦ 文中にある形容詞の程度．
⑧ 文中にある副詞の程度．
⑨ 文中でCとしてはたらいている形容詞．

この分類で話を進める中で，疑問詞が登場することになります．

▌① S（主語）を尋ねる疑問文

まずはSを尋ねます．これは，たとえばTom died. という文の，Tom の部分を尋ねるような疑問文です．この場合は次の手順に従います．

> **手順** 尋ねたい部分を who, what, which に替える.

　尋ねる部分が人なら who, 物事なら what, 人でも物事でも, 限られた範囲から尋ねる場合は which を用います. 疑問詞疑問文でももちろん, ピリオドを？にします.
　具体例を見ましょう. 以下の平叙文の下線部を尋ねるとき, 下線部を疑問詞に替えると, その下の疑問文が完成します.

　平叙文：<u>Tom</u> died.（トムが死んだ）
　疑問文：<u>Who</u> died?（誰が死んだのですか）
　・人を尋ねるので who を用いる.

　平叙文：<u>An accident</u> happened here yesterday.
　　　　　（昨日ここで事故が起こった）
　疑問文：<u>What</u> happened here yesterday?
　　　　　（昨日ここで何が起こったのですか）
　・物事を尋ねるので what を用いる.

　平叙文：<u>Brown bread</u> is better for you.
　　　　　（茶色いパンのほうが君にとってより良い）
　　　　　<u>White bread</u> is better for you.
　　　　　（白いパンのほうが君にとってより良い）
　疑問文：<u>Which</u> is better for you?
　　　　　（どっちのほうが君にとってより良いですか）

• 限られた範囲から尋ねるので which を用いる.

このように主語を尋ねる場合は，後ろが長くても短くても，とにかく「替えるだけ」です．何かを移動させたり，位置を入れ替えたり，というような作業は不要なのです．このことは，「主語がらみはそのまま」というフレーズで記憶できます．このフレーズはあとにまた活きてくることになります．

② C（補語）を尋ねる疑問文（C が名詞）

次は C（補語）を尋ねます．これは，たとえば This is a lighter. という文の，a lighter の部分を尋ねるような疑問文です．C としてはたらく名詞は，次の手順で尋ねます．

> **手順1** 尋ねたい部分を who, what, which に替える.
> **手順2** who, what, which を文頭に移動させる.
> **手順3** be動詞／助動詞または do, does, did を S の前に出す.

who, what, which の使い分けは，「疑問詞疑問文①」の場合と同じです．

手順3 は要するに，yes-no疑問文を作る場合と同じ手順を踏む，ということです．文中に be動詞か助動詞があればこれを S の前に出し，なければ do, does, did を用意して，これを S の前に出すことになります．

具体例を見ましょう．ここでも尋ねる部分に下線を施します．

平叙文：This is <u>a lighter</u>.（これはライターだ）
疑問文：<u>What</u> is this?（これは何ですか）
・物事を尋ねるので what を用いる.

平叙文：She calls him <u>Joe</u>.
　　　　（彼女は彼をジョーと呼ぶ）
疑問文：<u>What</u> does she call him?
　　　　（彼女は彼を何と呼びますか）
・物事を尋ねるので what を用いる.

それぞれの下線部は，ＳＶＣのＣと，ＳＶＯＣのＣです.

▋③ Ｏ（目的語）を尋ねる疑問文

　次はＯ（目的語）を尋ねます. これは，たとえば Lisa bought a watch. という文の，a watch の部分を尋ねるような疑問文です. この場合の手順は次の通りです.

> **手順1** 尋ねたい部分を who, what, which に替える.
> **手順2** who, what, which を文頭に移動させる.
> **手順3** be動詞／助動詞または do, does, did を Ｓ の前に出す.
> ＊who だけでなく，whom も用いられる.

　＊の注意事項があるという点だけ，「疑問詞疑問文②」と異なります.
　具体例を見ましょう. 下線部がＯです.

平叙文：Lisa bought a watch.（リサは時計を買った）
疑問文：What did Lisa buy?
　　　　（リサは何を買ったのですか）
• 物事を尋ねるので what を用いる.

平叙文：The dog bit Tom.（その犬はトムを噛んだ）
疑問文：Who did the dog bite?
　　　　Whom did the dog bite?
　　　　（その犬は誰を噛んだのですか）
• 人を尋ねるので who または whom を用いる.

④ 前置詞の O（前置詞の目的語）を尋ねる疑問文

　次は前置詞の O（前置詞の目的語）を尋ねます. これは,
たとえば Bob heard the rumor from Meg. という文の,
Meg の部分を尋ねるような場合です.
　前置詞の O とは, 71ページで述べましたが, 前置詞の後
ろに置かれる名詞のことです.
　この場合の手順は次の通りです.

手順1 尋ねたい部分を who, what, which に替える.
手順2 who, what, which を文頭に移動させる.
手順3 be動詞／助動詞または do, does, did を S の前
　　　に出す.
*1　who だけでなく, whom も用いられる.
*2　手順2 において, 「前置詞＋疑問詞」を文頭に移
　　動させることもある. この場合は whom, what,

> which を用い, who は用いない.

　2つ目の注意事項があるという点だけが,「疑問詞疑問文③」との違いです. 例を見ましょう. 下線部を尋ねます.

　平叙文：Bob heard the rumor from <u>Meg</u>.
　　　　　（ボブはその噂をメグから聞いた）
　疑問文：<u>Who/Whom</u> did Bob hear the rumor from?
　　　　　From <u>whom</u> did Bob hear the rumor?
　　　　　（ボブはその噂を誰から聞いたのですか）
　・人を尋ねるので who または whom を用いる.

　平叙文：He is talking about <u>cats</u>.
　　　　　（彼はネコについて話をしている）
　疑問文：<u>What</u> is he talking about?
　　　　　About <u>what</u> is he talking?
　　　　　（彼は何について話をしているのですか）
　・物事を尋ねるので what を用いる.

　前置詞ごと前に出す場合もある, ということを記憶するために「**前置詞がらみはご一緒も**」というフレーズを覚えてください. この知識はすぐあとでまた活きてくることになります.

　上の2例目の疑問文が,〈設問〉**1**の⑵の解答となります. この文を正しく作るには, まず talk を用いるということを思いつかなくてはなりません. そして,「誰かが, 何かについて」話すので, talk が「2つの名詞を求める動

詞」だと判断し，辞書を引いて㉠のマークと about の表記を見つけて，He is talking about ～. という文を組み立てます．そのうえで，～の部分が前置詞の O だと見抜き，あとはこの場合（前置詞の O を尋ねる場合）の正しい手順で疑問文にします．

本書でここまでに学んだ内容，知識を組み合わせていけば，今まではいえなかったような疑問文も，どんどん発信することができるようになるのです．

⑤ 名詞修飾語を尋ねる疑問文

次に名詞修飾語，つまり名詞に対する修飾語としてはたらく部分の尋ね方を示します．これは，たとえば This is his bag. という文の，his の部分を尋ねるような疑問文です．

ここが最難関になります．手順が最も複雑なのです．

手順1 尋ねたい部分を whose, what, which に替える．
手順2 「whose, what, which ＋名詞」を文頭に移動させる．
手順3 be動詞／助動詞または do, does, did を S の前に出す．
＊1 whose, what, which に修飾されている名詞が S である場合は **手順1** だけで終える．
＊2 whose, what, which に修飾されている名詞が前置詞の O である場合は，「前置詞＋ whose, what, which ＋名詞」を移動させることもある．

　手順2 の「whose, what, which ＋名詞」という部分を忘れないようにしてください．名詞修飾語は，名詞とセットで移動するのです．名詞修飾語は寂しがり屋なので，いつも後ろに名詞がいてくれないと困ってしまうのです．「**名詞修飾語はさびしんぼう**」と覚えておけば，「名詞修飾語＋名詞」のセットで出すということを忘れずに済みます．

　さて，この「疑問詞疑問文⑤」にはさらに，2つの注意事項もあり面倒です．まさに最難関なのですが，ここで次の2つのフレーズを思い出してください．

　「**主語がらみはそのまま**」（140ページ参照）

　「**前置詞がらみはご一緒も**」（143ページ参照）

　これらのフレーズが，＊1と＊2にそのままあてはまります．「**名詞修飾語はさびしんぼう**」と合わせて3つのフレーズを利用すれば，この最難関も必ず攻略できるのです．

　具体例に進みます．

　平叙文：This is his bag.（これは彼のバッグだ）
　疑問文：Whose bag is this?
　　　　　（これは誰のバッグですか）
　・人を尋ねるので whose を用いる．whose だけでなく bag もセットで移動する（「**名詞修飾語はさびしんぼう**」）．

　平叙文：Meg's dog runs fastest.
　　　　　（メグの犬が一番速く走る）
　疑問文：Whose dog runs fastest?
　　　　　（誰の犬が一番速く走りますか）

- 人を尋ねるので whose を用いる.
- dog は主語なので whose に替えて，あとは「その
  まま」.

平叙文：He likes <u>dark</u> colors.
      （彼は暗い色が好きだ）
疑問文：<u>What</u> colors does he like?
      （彼はどんな色が好きなのですか）
- 物事を尋ねるので what を用いる.

平叙文：The bookstore is on <u>this</u> floor.
      （本屋はこの階にある）
疑問文：<u>Which</u> floor is the bookstore on?
      On <u>which</u> floor is the bookstore?
      （本屋はどの階にありますか）
- 限られた範囲から尋ねるので which を用いる.
- floor は前置詞の **O** なので「ご一緒も」.

最後の 2 文が，〈設問〉**1**の(1)の解答になります.

⑥ 場所，時，方法，理由を尋ねる疑問文

今度は，文中の **S**，**C**，**O** や修飾語といったものに注目
するのではなく文全体に注目します．Tom met the singer.
という文について，文中では示されていない「どこで」
「いつ」「なんで」「どうやって」などの情報を尋ねたいと
します．この場合の手順は次のようになります.

手順1 文頭に where, when, why, how を置く.
手順2 be動詞／助動詞または do, does, did を S の前
　　　に出す.

具体例を見ましょう.

　平叙文：Tom met the singer.
　　　　　（トムはその歌手に会った）
　疑問文：<u>Where</u> did Tom meet the singer?
　　　　　（どこでトムはその歌手に会ったのですか）
　　　　　<u>When</u> did Tom meet the singer?
　　　　　（いつトムはその歌手に会ったのですか）
　　　　　<u>Why</u> did Tom meet the singer?
　　　　　（なぜトムはその歌手に会ったのですか）
　　　　　<u>How</u> did Tom met the singer?
　　　　　（どのようにトムはその歌手に会ったのです
　　　　　か）

⑦ 形容詞の程度を尋ねる疑問文
　次は文中の形容詞に注目して，その程度を尋ねます. ま
ずは次の 2 文を見てください.

　　Lisa is <u>beautiful</u>.（リサは美しい）
　　Lisa is a <u>beautiful</u> lady.（リサは美しい女性だ）

ともに beautiful という形容詞が用いられていますが，

最初の文の beautiful は C（補語）です．2番目の文では，beautiful は名詞修飾語です．名詞 lady を修飾しています．このように，形容詞には2つのはたらきがあります．

　そして，形容詞の程度を尋ねたい場合は，形容詞がどちらのはたらきで用いられているかを見極めなくてはなりません．作り方が異なるからです．以下にその手順を示します．**手順2** で違いが生じていることを確認してください．

手順1 形容詞の前に how を置く．
手順2 【形容詞が C である場合】
　　　　「how ＋形容詞」を文頭に出す．
　　　　【形容詞が名詞修飾語である場合】
　　　　「how ＋形容詞＋名詞」を文頭に出す．
手順3 be動詞／助動詞または do, does, did を S の前
　　　　に出す．
＊形容詞が名詞修飾語である場合で，その名詞が S で
　ある場合は，**手順1** だけで終える．

【形容詞が名詞修飾語である場合】に，形容詞の後ろの名詞も一緒に文頭に移動するのは，「**名詞修飾語はさびしんぼう**」だからです．

　＊の内容はまさに，は「**主語がらみはそのまま**」です．では具体例を見ましょう．下線部の程度を尋ねます．

　　平叙文：Meg is <u>happy</u>.（メグは幸せだ）
　　疑問文：<u>How</u> happy is Meg?
　　　　　　（メグはどれくらい幸せですか）

平叙文：Nick is <u>tall</u>.（ニックは背が高い）
疑問文：<u>How tall</u> is Nick?
　　　　（ニックはどれくらい背が高いですか）

この2つは，形容詞が**C**としてはたらいている例です．
次の2つは名詞修飾語としてはたらく例です．

平叙文：Lisa drank <u>much</u> water.
　　　　（リサは多くの水を飲んだ）
疑問文：<u>How much</u> water did Lisa drink?
　　　　（リサはどれくらい多くの水を飲んだのです
　　　　か
　　　　→リサはどれくらいの水を飲んだのですか）
平叙文：<u>Many</u> people saw the bird.
　　　　（多くの人がその鳥を見た）
疑問文：<u>How many</u> people saw the bird?
　　　　（どれくらい多くの人がその鳥を見たのです
　　　　か
　　　　→何人がその鳥を見たのですか）

　形容詞 much は名詞 water を修飾しています．much が water を引き連れたうえで文頭に出るのは，もちろん「**名詞修飾語はさびしんぼう**」だからにほかなりません．
　形容詞 many は名詞 people を修飾していますが，people は **S** なので，how を置き，あとはそのままで疑問文が完成します．「**主語がらみはそのまま**」です．
　なお，最初の平叙文は much ではなく，a lot of または

lots of を用いたほうが圧倒的に自然な文になります。平叙文で、主語以外の名詞に対して many, much で修飾することは、稀なのです。ただ、完成した疑問文は全く問題のないものなので、元の平叙文は、疑問文を作るための準備の文だと割り切ってください。

⑧ 副詞の程度を尋ねる疑問文

今度は副詞に注目して、これの程度を尋ねましょう。たとえば Jack runs fast. という文の、fast の程度を尋ねる、というような疑問文です。手順を示します。

手順1 副詞の前に how を置く。
手順2 「how ＋副詞」を文頭に移動させる。
手順3 be 動詞／助動詞または do, does, did を S の前に出す。

疑問文にする作業を行いましょう。

　平叙文：Jack runs fast.（ジャックは速く走る）
　疑問文：How fast does Jack run?
　　　　　（ジャックはどれくらい速く走りますか）

⑨ C（補語）を尋ねる疑問文（C が形容詞）

C（補語）を尋ねるのであっても、その補語が名詞ではなく形容詞である場合は、「疑問詞疑問文②」の場合（140ページ参照）とは手順が異なります。

> **手順1** 尋ねたい部分を how に替える.
> **手順2** how を文頭に移動させる.
> **手順3** be動詞／助動詞または do, does, did を S の前
> に出す.

具体例を見ましょう.

　　平叙文：Bob is <u>well</u>.（ボブは調子がいい）
　　疑問文：<u>How</u> is Bob?（ボブはどうだい）

　　平叙文：Your weekend was <u>miserable</u>.
　　　　　　（君の週末はひどかった）
　　疑問文：<u>How</u> was your weekend?
　　　　　　（君の週末はどうでしたか）

　英会話の頻出表現である How are you? はまさにこのパ
ターンです.

　ここまで，９つに分類して疑問詞疑問文の作り方を見て
きました. 随分と多いと感じたかもしれませんが，これが
最も効率の良いマスターの仕方です. どんなにフィーリン
グを働かせても，どんなに感性を研ぎ澄ましても，正しい
疑問文の作り方を自ら思いつくことはできません. 前もっ
て知っておくしかないのです.
　少し厳しい現実かもしれませんが，逆に，この９パター
ンさえ覚えてしまえば，英会話の際にも多彩な疑問文を繰

り出せるようになります。「主語がらみはそのまま」「前置詞がらみはご一緒も」「名詞修飾語はさびしんぼう」という3つのフレーズも利用しながら、この9パターンの「平叙文→疑問文」の練習を繰り返してください。

§2 名詞節

▎従位接続詞

さて、ここで話が新しい局面に入ります。66ページのワク内の「**3** パーツが拡大する」という話に入っていくのです。そしてこれは、「疑問文の応用編」としての面ももつのです。

まずは次の2文を見てください。

(1) He knows her.
  S V **O**

(2) He knows that she is a singer.
  S V   **O**

ともに第3文型の文ですが、**O**（目的語）の長さがまるで違います。(1)は単なる名詞（厳密にいえば代名詞）が**O**です。文全体の訳は「彼は彼女を知っている」です。

一方の(2)は、下線を引いたまとまりが**O**です。このまとまりは、次のように分析できます。

that she is a singer
 ↓

> ・that が後ろをまとめて，全体を1つの**O**にする役割
>   を果たしている．
> ・この that は「〜こと」「〜の」「〜と」と訳す．

　この that のように，後ろの文をまとめて，自身を含む
全体を1つの要素にする語を「**従位接続詞**」といいます．
少し難しい言葉かもしれませんが，今後，何度も目にして
いくことになります．少しずつ慣れていきましょう．

　上の通り，that の訳は「〜こと」「〜の」「〜と」なので，
⑵の訳は「私は彼女が歌手だということを知っている」と
なります．下線部は「歌手であるのを」「歌手だと」でも
いいでしょう．

　さて，この第6講の後半と，次の第7講では従位接続詞
を扱うのですが，まずは従位接続詞にどのようなものがあ
るかを示します．

> ［従位接続詞の種類］
> ❶ 後ろをまとめて，1つの**S**，**C**，**O**，前置詞の**O**
>   にするもの
>   　例 that，whether，疑問詞など
> ❷ 後ろをまとめて，1つの名詞修飾語にするもの
>   　例 関係代名詞，関係副詞など
> ❸ 後ろをまとめて，1つの動詞修飾語にするもの
>   　例 when，while，because，if，after，before，though，
>   　　 so that など

　第1講の「オリエンテーション」で述べた通り，「従位

接続詞＋文」のまとまりは,「従属節」という名前でした.

　上の❶～❸のうち, この第6講では❶の従位接続詞を扱うのですが, これに関して次の用語を知ってください.

従位接続詞 S V …
　ひとまとまりのS, C, O, 前置詞のOとしてはたらく.
　→ これを「名詞節」という.

　つまり, ❶の従位接続詞が作るまとまりは「**名詞節**」と呼ばれるのです.

▌名詞節の that節

　152ページで見た He knows that she is a singer. という文の that は❶の従位接続詞の例です. この文では,「that＋文」(下線部) が O としてはたらいていますが, 上のワク内に示してある通り, 名詞節にはOだけでなく, S, C, 前置詞のOとしてのはたらきもあります. それぞれの例を見ましょう. なお(3)の except は,「〜以外に[の]」という意味の前置詞です.

(1) That he is honest is true.
　　　S　　　　　　 V　C

(2) My conclusion is that dogs are better pets than cats.
　　　　S　　　 V　　　　　　　　　C

(3) I like him except that he drinks too much.
　　S V O 　前置詞　　　　　前置詞のO
　　　　　　　　　　動詞修飾語（like を修飾）

それぞれの訳は次の通りです．

- (1) 彼が正直だというのは本当だ．
  - 下線部は S（主語）としてはたらく．
- (2) 私の結論は犬は猫より良いペットだということだ．
  - 下線部は C（補語）としてはたらく．
- (3) 私は，飲み過ぎだということ以外は，彼が好きだ．
  - 下線部は前置詞の O（前置詞の目的語）としてはたらく．

なお最初の文は，通常は次のような形になります．

It is true that he is honest.

これは「形式主語－真主語の構文」というものなのですが，構文の学習については，本書の最後に触れます．

▌疑問文を名詞節にする従位接続詞

　153ページで，❶の従位接続詞の例として，that のほかに，whether と疑問詞を挙げています．これよりこの2つを扱いますが，ここからの内容は疑問文と関わる話になります．

　さて，文をまとめて「〜こと」「〜の」「〜と」という意

味でS，C，O，前置詞のOとして用いたい場合，その文が平叙文のときは「that＋文」という形にしますが，文が平叙文でなく疑問文である場合は，いったいどうすればいいのでしょうか．次の文を見てください．

(1) Can he play the piano?
  （彼はピアノが弾けますか）
(2) Where does he live?
  （彼はどこに住んでいるのですか）

この内容をまとめて，たとえばO（目的語）として用いたいとします．そして，次の文を英訳したいとします．

  私は彼がピアノを弾けるかどうかを知らない．
  私は彼がどこに住んでいるのかを知らない．

この場合，次のようにしていいでしょうか．

I don't know that can he play the piano.
I don't know that where does he live.

つまり疑問文の場合も，「文頭に that を置く」という手段で，全体を名詞節にすることができるのでしょうか．
　答えは「不可能」です．that には，疑問文を名詞節にする力はありません．疑問文の場合は，次の従位接続詞を用います．

- yes-no疑問文を名詞節にする場合
  → whether
- 疑問詞疑問文を名詞節にする場合
  → 文頭にある疑問詞をそのまま従位接続詞として利用する.

　疑問文の種類ごとに, 用いられる従位接続詞が異なるのです. 次のことも知ってください.

---

yes-no疑問文であれ, 疑問詞疑問文であれ, 名詞節にする際には, 助動詞, be動詞, do, does, did が S の前に出る以前の状態にしなくてはならない.

　具体的に説明します. たとえば Is he sick?（彼は病気なのですか）という文を名詞節にしたうえで, 以下の下線部に置き, 「私は彼が病気かどうかを知らない」という意味の文を完成させたいとします.

　　I don't know ＿＿＿＿＿＿＿＿ .

　この場合, Is he sick? の文頭に whether を加えるだけでは不十分です. is he の部分を he is に戻さなくてはならないのです. 完成する文は次のようになります.

　　I don't know <u>whether he is sick</u>.

そしてこれが〈設問〉**1**の(3)の答えとなる文です.

同じように，What did she eat?（彼女は何を食べたのですか？）という文を名詞節にする場合には，did she eat の部分を，she ate という形に戻さなくてはなりません. 疑問詞疑問文なので，what はそのまま利用します.

これをふまえたうえで，156ページの(1)と(2)を名詞節にしましょう.

---

(1) Can he play the piano?
  （彼はピアノが弾けますか）

  → <u>whether</u> he can play the piano
    （彼がピアノを弾けるのかということ）
        ↓
下線部全体が名詞節．ひとまとまりのS，C，O，前置詞のOとして用いることができる.

---

(2) Where does he live?
  （彼はどこに住んでいるのですか）

  → <u>where</u> he lives
    （彼がどこに住んでいるのかということ）
        ↓
下線部全体が名詞節．ひとまとまりのS，C，O，前置詞のOとして用いることができる.

---

(1)は yes-no 疑問文なので，whether を加えます. そして，he の前に出ている can を元の位置に戻します.

(2)は疑問詞疑問文なので，疑問詞の where をそのまま

従位接続詞として用います. そして does he live の部分を, 元の形である he lives に戻します.

　こうして完成した名詞節は, **S**, **C**, **O**, 前置詞の**O**という4つの用途で用いることができます. 「**名詞節は4色ボールペン**」と覚えておけば, 名詞節のはたらきを思い出すための強力なヒントになります.

　では, この4色ボールペンが実際に用いられている様子を見てみましょう. 次の文の訳を考えてください.

(1) <u>Where he lives</u> is a mystery.
　　　　　S　　　　　　 V　　 C
・**S**として使う.

(2) Our question is <u>whether he can play the piano</u>.
　　　　　 S　　　 V　　　　　　　 C
・**C**として使う.

(3) I don't know <u>whether he can play the piano</u>.
　　　S　　 V　　　　　　　　 O
・**O**として使う.

(4) We talked about <u>where he lives</u>.
　　 S　　V　　前置詞　　前置詞の**O**
　　　　　　　　　動詞修飾語（talked を修飾）
・前置詞の**O**として使う.

各文の訳は次の通りです.

(1) 彼がどこに住んでいるかは謎だ.

(2) 私たちの疑問は彼がピアノを弾けるかどうかということだ.

(3) 私は彼がピアノを弾けるかどうかを知らない.

(4) 私たちは彼がどこに住んでいるかについて話した.

〈設問〉の解答

　名詞節に関する以上の知識をマスターすれば,〈設問〉の**2**にある2文も, 正しい英文に直せます. 次の通りです.

(1) <u>What should I do</u> is a big problem. …… ✕
　　（私が何をするべきかが大きな問題だ）
　　→ <u>What I should do</u> is a big problem. …… ◯
　　・should I を I should という語順に戻す.

(2) I don't know <u>when did he come here</u>. …… ✕
　　（私は彼がいつここに来たかを知らない）
　　→ I don't know <u>when he came here</u>. …… ◯
　　・did he come を he came に戻す.

第7講 | 関係詞
日本語を出発点に学ぶことの効能

〈設問〉

❶ 次の英文には誤りがあります. その下の和訳にふ
さわしい文に改めてください.

(1) This is a picture of the stage that we danced
yesterday.
（これはきのう私たちが踊ったステージの写真だ）

(2) I have a dog which name is Alex.
（私はアレックスという名前の犬を飼っている）

❷ 次の文を英訳しましょう.

彼が仕事をやめた理由は驚くべきものだった.

§1 関係代名詞が形成する形容詞節

日本語の形容詞節

この第7講ではまず, 第6講153ページの**❷**の従位接続
詞を扱います. つまり, 従位接続詞のうち「後ろをまとめ
て, 1つの名詞修飾語にするもの」を扱うのです. ここで
は「形容詞節」という言葉を覚えてください.

> 従位接続詞 S V …
> 　ひとまとまりの名詞修飾語
> 　→ これを「形容詞節」という.

　形容詞節を作る従位接続詞の代表例は，関係詞（関係代名詞と関係副詞）です.

　さて，英文法の全範囲で，この関係詞ほど，日本語文法の知識が効力を発揮する項目はありません. 日本語の知識をスタートにして適切な説明を施せば，関係詞は容易に理解できてしまうのです. ところが「日本語文法→英文法」という順序で関係詞が教えられることはほぼ皆無で，この結果，多くの人が関係詞を苦手としたままです. 今回の講義で一気に攻略してしまいましょう.

　まずは以下を見てください.

> ① トマト
> ② 私がトマトを栽培した.

　「①名詞」と「②文」のペアです. そして②の中に①の名詞があります. このようなペアでは，②の文に対して一定の手順を加えて①の前に置けば，②は①の名詞に対する修飾語，つまり形容詞節になります.

　その手順とは，「②の文中にある①の名詞（トマト）と，その直後の助詞（を）をカットする」というものです.

　②の文から「トマトを」をカットすると（句点もとります），②の文は「私が栽培した」となります. これを①の

「トマト」の前に置くと，次の表現が完成します．

　　　私が栽培したトマト

この表現は，次のように分析できます．

私が栽培したトマト
　　→ 全体でひとまとまりの修飾語（形容詞節）

もう1つ例を見ましょう．

---

① 車
② 車が豪雨の中を走っている．

---

　②の文中に①の名詞があります．②の中にある「車」と
直後の助詞「が」をカットして，①の前に置くと，次の表
現が完成します．

　　　豪雨の中を走っている車

下線部が形容詞節です．ほかにも例を見ましょう．

---

① 女の子
② トムが女の子に手紙を送った．
　• ②から「女の子に」をカットして，残りを①の前
　　に置く．

→「トムが<u>手紙を送った</u>女の子」

---

① ドラえもん
② 昭和54年にドラえもんの人気が爆発した.

• ②から「ドラえもんの」をカットして, 残りを①
　の前に置く.

　　→「<u>昭和54年に人気が爆発した</u>ドラえもん」

以上の内容は, 次のようにまとめることができます.

日本語では,「①名詞」と「②文」のペアがあり②の
中に①の名詞が含まれている場合は, ②の中にある①
の名詞とその直後の助詞を切ったうえで①の前に置け
ば, これが形容詞節としてはたらく.

　私たちは, 生まれてから日本語を習得していく中で, 上
の規則を意識的に学習することはありません. ところがお
そらく5歳にも満たないような段階で,「パパが作ったイ
ス」というような表現が理解できます. つまり,「パパが
このイスを作ったんだな」とわかるはずです. また,「桃
から生まれた桃太郎」という表現に頭を悩ますこともない
はずです.

　加えて, 単に理解できるだけでなく, 幼稚園児くらいに
なれば「これ, ぼくが描いた絵だよ」というような文も発
することができるはずです. 単に「ぼくが絵を描いた」と
いうのではなく,「形容詞節＋修飾される名詞」である
「ぼくが描いた＋絵」という表現も作れるのです.

　私たちは，意識していないものの，子供から大人まで，上の規則に従って形容詞節を作り，形容詞節を使いこなしているのです.

　ここで話は英語に入っていきます. 英語もまた，「①の名詞と，その名詞が存在する②の文」というペアにおいて，②の文に一定の手順を加えれば，これを形容詞節にすることができます. 日本語とは手順が異なるものの，その手順さえ覚えてしまえば，私たち日本語話者でも，英語の形容詞節は理解でき，使いこなせるのです.

　これよりその手順を示しますが，まずは次のような場合分けをする必要があります.

---

(1) ①の名詞が②の文の中で，**S**として存在する場合

(2) ①の名詞が②の文の中で，**O**として存在する場合

(3) ①の名詞が②の文の中で，**前置詞のO**として存在する場合

(4) ①の名詞が②の文の中で，**名詞修飾語**として存在する場合

この分類にしたがって，それぞれの手順を見ていきます.

▌(1) **主格の関係代名詞 who, which, that**
まずは次のペアを見てください.

---

① the man（男性）
② The man helped my son.

（男性がうちの息子を助けてくれた）

　名詞（①）と文（②）のペアがあり，①の名詞が②の中で，S（主語）として存在しています．このペアの②を，①の名詞に対する修飾語にして「うちの息子を助けてくれた男性」という意味の表現を作ることを考えます．

　この場合，②の文を形容詞節にする手順は次の通りです．

> **手順** ②の文中にある①の名詞を，who, which, that に替える．

　名詞を替えて，あとはそのままで完成です．第6講で覚えた「**主語がらみはそのまま**」が，ここでもあてはまります．

　この who, which, that は関係代名詞と呼ばれます．これらを使い分ける基準は次の通りです．

> ①の名詞が人　→ who を用いる（that が用いられる
> 　　　　　　　　こともあるが who が原則）．
> ①の名詞が物事 → that か which を用いる．

　完成した形容詞節は，名詞の後ろに置きます．この点，日本語と位置が逆になります．

　　the man who helped my son
　　　（うちの息子を助けてくれた男性）

　下線部が形容詞節です.

　この who のように, ②の文中で S だった名詞を書き換えた関係代名詞を「**主格の関係代名詞**」といいます.

　もう 1 つ見ましょう.

---

① the letter（手紙）
② The letter was written in English.
　（手紙は英語で書かれていた）

　ここでも, ①の名詞は②の中で S としてはたらいています. ②の文は受動態ですが, ①の名詞が②の中で主語として存在していることには変わりありません.

　②を①に対する修飾語にするには, ②の The letter を that または which に替えたうえで, ②全体を①の後ろに置きます. すると, 次の表現が完成します.

　the letter that/which was written in English
　　（英語で書かれていた手紙 → 英語で書かれた手紙）

　下線部が形容詞節です.

(2) 目的格の関係代名詞（動詞の目的語）

　次に, 以下のペアを見てください.

---

① the book（本）
② I bought the book.（僕は本を買った）

---

①の名詞が②の文中にあります．②を①に対する修飾語にして，「僕が買った本」という意味の表現を作りましょう．

　このペアでは，①の名詞は②の中でO（目的語）として存在しています．この場合，②の文を形容詞節にする手順は次のようになります．

手順1 ②の文中にある①の名詞を，who(m), that, which に替える．

手順2 who(m), that, which を文頭に出す．

　この who(m), that, which も関係代名詞です．①の名詞が人であれば who または whom を用い，人でなければ that か which を用います．

　では，実際に作業を進めましょう．まずは②の the book を，that または which にします．そしてこれを文頭に出します．この結果，that/which I bought という表現が完成します．

　これを①の後ろに置くと，求められる意味の表現が完成します．下線部が形容詞節です．

　the book <u>that/which I bought</u>（僕が買った本）

　この that/which のように，O としてはたらく名詞を書き換えた関係代名詞を「**目的格の関係代名詞**」といいます．もう1つ見ましょう．

① the lady（女性）
② I met the lady yesterday.
（きのう私は女性に会った）

①の名詞が②の中で，**O** としてはたらいています．②を①に対する修飾語にして，「きのう私が会った女性」という意味の表現を作りましょう．

まずは②の中の the lady を，who または whom に替えます．そしてこれを文頭に出します．すると who/whom I met yesterday という表現が得られます．

これを①の後ろに置くと，求められる表現が完成します．下線部が形容詞節です．

the lady <u>who/whom I met yesterday</u>
（きのう私が会った女性）

▎(3) 目的格の関係代名詞（前置詞の目的語）

次のパターンに入ります．以下のペアを見てください．

① the stage（ステージ）
② We danced on the stage yesterday.
（きのう私たちはステージで踊った）

①の名詞が②の中で，前置詞の **O**（前置詞の目的語）として存在しています．②の the stage は前置詞 on の目的語としてはたらいています．このような場合に，②の文を

形容詞節にする手順は次の通りです.

> **手順1** ②の文中にある①の名詞を, who(m), that,
>   which に替える.
> **手順2** who(m), which, that を文頭に出す.
> ＊「前置詞＋ whom, which」を文頭に出すこともある.
>   この場合は who, that は用いない.

最後の＊の部分だけが, (2)の場合と異なります. 第6講
で知った「**前置詞がらみはご一緒も**」が, ここでもあては
まるのです.

では, 上のペアから「きのう私たちが踊ったステージ」
という意味の表現を作りましょう. まずは②の the stage
を that か which にして, これを文頭に出します. on which
の2語を文頭に出すことも可能です.

以上の結果, 次の表現が得られます.

    that/which we danced on yesterday

    on which we danced yesterday

「**前置詞＋ that**」で文頭に出ることはありません. この点
は注意をしてください.

完成した表現を①の後ろに置けば完成です.

    the stage <u>that/which we danced on yesterday</u>

    the stage <u>on which we danced yesterday</u>

    （きのう私たちが踊ったステージ）

　下線部が形容詞節です.

　この that, which のように, 前置詞の **O**（前置詞の目的語）としてはたらくものを書き換えた関係代名詞も「目的格の関係代名詞」です.

　もう1例見ます.

---

　① the girl（女の子）
　② I danced with the girl yesterday.
　　（きのう僕は女の子と一緒に踊った）

---

　①の名詞が②の文中にあり, 前置詞 with の **O** としてはたらいています. ②を①に対する修飾語にして「きのう僕が一緒に踊った女の子」という意味の表現を作りましょう.

　まずは②の中の the girl を, who または whom にして文頭に出します. あるいは with whom を文頭に出します. この結果, 次の表現が得られます.

　　who/whom I danced with yesterday
　　with whom I danced yesterday

　そしてこれを①の後ろに置けば, 求められる表現が完成します. 以下の通りです.

　　the girl who/whom I danced with yesterday
　　the girl with whom I danced yesterday
　　（きのう僕が一緒に踊った女の子）

前置詞ごと出す場合には，who ではなく，必ず whom を用います．疑問文の場合と同じです．

　whom という語は，who に比べて古い語だといわれつつも，しぶとく（!?）生き残っています．

　ちなみに，かつては O と前置詞の O を尋ねる場合で，尋ねたい部分が人であれば，用いられる疑問詞は whom でした．ところが次第に who に取って代わられるようになり，現代では「前置詞＋疑問詞」の形で使う場合以外に whom が用いられることは少なくなっています．whom を使うと，堅い印象を与えます．これは関係代名詞の whom についても同じです．

　whom の代わりに who が用いられるようになってきているということは，whom という単語が消滅しつつあるということです．アメリカの著名な言語学者・サピア（Edward Sapir, 1884-1939）の主著『Language』（訳題『言語』）の中に，次のような記述があります．

　　今日から200年の間には最も学識のある法律家でさえ，"Whom did you see?" とはいっていないであろうと，予言しても大丈夫である．その頃までに "whom" は（中略）喜んで古語となっているだろう．

　　　　　　　　　　　　　　　　　　　　（泉井久之助訳）

　200年後には，おカタい法律家でさえも whom は使っていないだろうと予言しているのです（なお，この本が出版されたのは1921年のことです）．

　これに関して知人のアメリカ人に，「whom はなくなると思う？」と尋ねたところ，「私はそうは思わない」と答えました．理由は，「だってきれいじゃない」．

　whom という単語の音の響きを「美しい」と感じるということに少し驚きましたが，多くの人がそう感じるのなら，生き残っていくはずです．音楽や書画や工芸品のみならず，単語もまた，美しいものはきっと不滅なのでしょう．

▍(4) 所有格の関係代名詞

　次に，以下のペアを見てください．

---

① the girl （少女）
② I like the girl's voice.
　（僕はその女の子の声が好きだ）

---

　①の名詞が②の中にあり，名詞修飾語として存在しています（girl's は voice を修飾する）．この②を①に対する修飾語にして，「僕が声が好きな女の子」という意味の表現を作りましょう．この場合，②の文を形容詞節にする手順は次の通りです．

手順1 ②の文中にある①の名詞を whose に替える．
手順2 「whose ＋名詞」を文頭に出す．
＊whose によって修飾されている名詞が S である場合
　　は **手順1** のみ．

　手順2 の「whose ＋名詞」に注目してください．whose

173

は直後の名詞を修飾していますが, 単独では移動しません. 後ろの名詞とともに文頭に出ます. 「名詞修飾語はさびしんぼう」だからです (このフレーズについては145ページ参照).

また*については, 「**主語がらみはそのまま**」の知識が活きてきます.

では上の手順をあてはめましょう. ②の the girl's を whose にして, whose voice を文頭に出します. すると②の文は, 次のようになります.

　　whose voice I like

これを①の後ろに置くと, 求められる表現が完成します.

　　the girl <u>whose voice I like</u> (僕が声が好きな女の子)

下線部が形容詞節です. 和訳は「声」の前に「その」を置いて, 「僕が<u>その</u>声が好きな女の子」としてもいいでしょう.

この例のように, 名詞修飾語としてはたらく部分を書き換えた関係代名詞を「**所有格の関係代名詞**」といいます.

もう1例見ましょう.

---

① the dog (犬)
② The dog's name is Alex.
　(その犬の名前はアレックスだ)

　ここでも①の名詞は，②の中で名詞修飾語として存在しています．この②を①に対する修飾語にして「名前がアレックスである犬（→アレックスという名前の犬）」という意味の表現を作りましょう．

　まずは The dog's を whose に替えます．そしてこれで作業は終わりです．whose によって修飾される名詞 name が S なので，この作業以外は不要なのです．「**主語がらみはそのまま**」です．この作業の結果，②は次のようになります．

　　　whose name is Alex

　そしてこれを①の後ろに置くと，求められる意味の表現が完成します．下線部が形容詞節です．

　　　the dog <u>whose name is Alex</u>
　　　（アレックスという名前の犬）

　この表現から，〈設問〉 **1** の(2)の答えが出ました．(2)の文を「私はアレックスという名前の犬を飼っている」に相当する正しい英文にするには，次のように改めます．

　　　I have a dog <u>which</u> name is Alex.
　　　　　　　→ whose に替える．

　なおここまで，①の名詞はすべて「the 名詞」という形でしたが，便宜上この形を用いただけのことです．実際の

英文では，表したい内容によって，この「the 名詞」の部分は，「a 名詞」「名詞 s」「this 名詞」「my 名詞」など，いろいろな形になります．上の例文でも，a dog となっています．

▌ 文に組み込む作業

ここまでに完成させた表現は，あくまでも「名詞＋これを修飾する形容詞節」です．文ではありません．これらの表現を文の中で用いてみましょう．次の 4 文を英訳することを考えます．

(1) 私の息子を助けてくれた男性はハンサムだった．
(2) 僕は昨日一緒に踊った女の子の名前を思い出せない．
  ＊recall という動詞を用いる．
(3) 私は英語で書かれた手紙を受け取った．
(4) これはきのう私たちが踊ったステージの写真だ．

順に見ていきます．(1)の文は，次のように分析できます．

私の息子を助けてくれた男性はハンサムだった．
• 下線部 → 文の骨格
• ▨▨▨ 部 →「男性」を修飾する形容詞節

まずは文の骨格を組み立てます．

The man was handsome.

そしてこの man に，形容詞節を加えます．

The man who helped my son was handsome.

これで完成です．
(2)に入ります．文を分析しましょう．

僕は昨日一緒に踊った女の子の名前を思い出せない．
- 下線部 → 文の骨格
- ■■■部 →「女の子」を修飾する形容詞節

まずは文の骨格を英文にします．

I can't recall the name of the girl.

そして，girl に対して形容詞節を加えれば完成です．

I can't recall the name of the girl who/whom I
danced with yesterday.
I can't recall the name of the girl with whom I danced
yesterday.

(3)です．文を分析します．

私は英語で書かれた手紙を受け取った．
- 下線部 → 文の骨格

- ▨▨部 →「手紙」を修飾する形容詞節

まずは文の骨格を英文にします.

> I received a letter.

received は got でもいいでしょう.
a letter に対して形容詞節を加えれば完成です.

> I received a letter <mark>that/which was written in English</mark>.

最後の(4)です. 文を分析しましょう.

> これは<mark>きのう私たちが踊った</mark>ステージの写真だ.
> - 下線部 → 文の骨格
> - ▨▨部 →「ステージ」を修飾する形容詞節

まずは文の骨格を組み立てましょう.

> This is a picture of the stage.

そして stage に対して, 形容詞節を加えれば解答が完成
です.

> This is a picture of the stage <mark>that/which we danced on yesterday</mark>.
> This is a picture of the stage <mark>on which we danced</mark>

yesterday.

〈設問〉❶の(1)の答えが出ました．danced の後ろに on が
必要なのです．

▍目的格の関係代名詞の省略

　関係代名詞に関する話の最後に，次のことを知ってくだ
さい．目的格の関係代名詞に関する注意事項です（目的格
の関係代名詞は，167〜173ページで扱いました）．

> 目的格の関係代名詞は頻繁に省略される．
> ＊ただし「前置詞＋ which/whom」で文頭に出てい
> 　る場合は省略されない．

　この事実により，自分が英文を書いたり話したりする際
には，用いる関係代名詞が目的格であれば，省略してよい
ということがわかります．次のような省略が可能なのです．

　　This is the book（that/which）I published last week.
　　（これが先週，私が出版した本だ）
　　The lady（who/whom）I danced with was elegant.
　　（僕が一緒に踊った女性は気品があった）

　カッコでくくられた部分が省略可能です．ただ，**前置詞
とセットで文頭に出した場合は省略できません**．つまり，
次のような文の which, whom は省略できないのです．

> This is a picture of the stage <u>on which</u> we danced
> yesterday.
> The lady <u>with whom</u> I danced was elegant.

　目的格の関係代名詞は頻繁に省略されるので，自分が読み手，聞き手である場合は，省略された場合にも対応して，正しく文構造をつかめなくてはなりません．その対応の仕方は次の通りです．

「名詞＋ S V …」という構造があり，…の部分に目的語の欠けた他動詞または前置詞がある場合は，名詞と S の間に目的格の関係代名詞が省略されていると判断し，「S V …」の部分を，名詞を修飾する形容詞節として解釈する．

これをイメージ図にしてみましょう．

名詞＋ <u>S V</u>（他動詞）　＊この V は他動詞であるのに
　　　　　　　　　　　　　　　O が欠けている．
　　　　　　　　　　　　　　　　↓
　　　　　　　　　　　　　　下線部を直前の名詞を修飾
　　　　　　　　　　　　　　する形容詞節だと判断する．

名詞＋ <u>S V</u> 前置詞　＊この前置詞の O が欠けている．
　　　　　　　　　　　　　　　↓
　　　　　　　　　　　　下線部を直前の名詞を修飾す

る形容詞節だと判断する.

　具体例を見ましょう. 次の(1)〜(3)の文について, 次の2
つのことを考えてください.

- どの部分に目的格の関係代名詞が省略されているか.
- どの部分が形容詞節か.

(1) The only person Meg respects is Jack.

(2) The news Joe told me was very surprising.

(3) That is the person I am talking about.

　解説に入りましょう. (1)は名詞 person の後ろに, Meg
respects という S V がありますが, 他動詞 respects の O が
ないまま is が現れます. これにより, person の後ろに関
係代名詞の who または whom が省略されており, Meg
respects の部分が形容詞節だということを判断します. 文
の訳は「メグが尊敬している唯一の人物はジャックだ」と
なります.

　(2)は名詞 news の後ろに, Joe told me という「S V …」
がありますが, told の O₂が欠けています (tell は第4文型
で用いる動詞です. 105ページ参照). O₁である me は存
在するのに, O₂がないのです.

　このことから, news の後ろに関係代名詞の that または
which が省略されており, Joe told me の部分が形容詞節
だと判断します. 文の訳は「ジョーが私に告げたニュース
はとても驚くべきものだった」となります.

　(3)は名詞 person の後ろに, I am talking about という

「S V …」がありますが，前置詞 about の O が欠けています．このことから，person の後ろに関係代名詞の who または whom が省略されており，I am talking about の部分が形容詞節だと判断します．文の訳は「あちらが，私が話題にしている人だ」となります．

　この 3 文をまとめて見ましょう．加えた目的格の関係代名詞には影をつけ，形容詞節の部分に下線を施します．

(1) The only person who/whom Meg respects is Jack.
　　（メグが尊敬している唯一の人物はジャックだ）
(2) The news that/which Joe told me was very surprising.
　　（ジョーが私に告げたニュースはとても驚くべきものだった）
(3) That is the person who/whom I am talking about.
　　（あちらが，私が話題にしている人だ）

　この「名詞＋S V…」の構造は，日々英文に接する中で何度も目にするものですが，皆さんはもう，これにもしっかりと対応できます．

§2 関係副詞が形成する形容詞節

関係副詞 where

　形容詞節を作る従位接続詞の代表例には，関係代名詞のほかにも関係副詞というものがあります．関係副詞は，関係代名詞を理解し終えたあとに，その流れに乗って攻略す

ることができます．これより一気に片付けてしまいましょう．

　関係副詞には where, when, why の3つがありますが，まずは where から見ます．以下の内容を覚えてください．

次のペアにおいて，②の文頭に where を置けば，②の文を，①の名詞に対する修飾語として用いることができる．

① 場所に関する名詞
② 文（①で起こった出来事，または①の状態）

具体例を見ましょう．

① the city（都市）
② I was born.（私が生まれた）

このペアは，①が場所に関する名詞で，②はそこで起こった出来事が述べられている文です．この②を①に対する修飾語にして，「私が生まれた都市」という表現を作ることを考えましょう．

　②の文頭に where を置いたうえで，①の後ろに置きます．すると，求められる表現が完成します．

　the city where I was born（私が生まれた都市）

下線部が形容詞節です．もう1つ見ましょう．

| ① the park（公園） |
| ② Lilies bloomed.（ユリが咲いていた） |

　このペアは，①が場所に関する名詞で，②はそこの状態を述べている文です．②を①に対する修飾語にして，「ユリが咲いていた公園」という表現を作りましょう．

　②の文頭に where を置いたうえで，①の後ろに置きます．すると，求められる表現が完成します．

　　the park <u>where lilies bloomed</u>
　　（ユリが咲いていた公園）

下線部が形容詞節です．

▌関係副詞 when

　次に関係副詞の when に進みます．以下の内容を記憶してください．

| 次のペアにおいて，②の文頭に when を置けば，②の文を，①の名詞に対する修飾語として用いることができる． |
| |
| ① 時に関する名詞 |
| ② 文（①の時に起こった出来事，または①の時の状態） |

具体例に進みましょう.

---

① the night（夜）
② I caught this cat.（私はこのネコを捕まえた）

　このペアは, ①が時に関する名詞で, ②はその時に起こった出来事が述べられている文です. ②を①に対する修飾語にして,「私がこのネコを捕まえた夜」という表現を作りましょう.
　②の文頭に when を置いたうえで, ①の後ろに置きます. すると, 求められる表現が完成します.

　　the night <u>when I caught this cat</u>
　　（私がこのネコを捕まえた夜）

下線部が形容詞節です. もう1つ見ましょう.

---

① the month（月）
② We are busy.（私たちは忙しい）

　このペアは, ①が時に関する名詞で, ②はその時の状態が述べられている文です. この②を①に対する修飾語にして,「私たちが忙しい月」という表現を作ることを考えましょう.
　②の文頭に when を置いたうえで, ①の後ろに置きます. すると, 求められる表現が完成します.

the month <u>when we are busy</u>（私たちが忙しい月）

▌関係副詞 why

　関係副詞の最後，why に入ります．これに関しては次のことを覚えてください．

- 「①名詞」と「②文」のペアにおいて，①が reason（理由）である場合，②の文頭に why を置き，これを①の後ろに置けば，②は①に対する修飾語になる．
- この why は極めて頻繁に省略される．

　具体例に進みます．まずは次のペアを見てください．

---

① the reason（理由）
② He chose this car.（彼はこの車を選んだ）

---

　①が reason であり，②に文があります．②の文頭に why を加えたうえで，これを①の後ろに置けば，②は①に対する修飾語になります．次の通りです．

　　the reason <u>why he chose this car</u>
　　　（彼がこの車を選んだ理由）

　下線部が形容詞節です．
　ただしこの表現は，多くの場合，次のような形になります．

the reason <u>he chose this car</u>

　つまり why が省略されるのです．したがって「S が V
した理由」という内容を英語で表現したい場合は，名詞
reason の後ろに，ダイレクトに文を置いてしまっていい
のです．
　他の例も見ましょう．

---

① the reason（理由）
② He is too busy.（彼はあまりにも忙しい）
- ②の前に why を置き，①の後ろに置く．あるいは
  why は置かずに，そのまま①の後ろに置く．
  → the reason <u>(why) he is too busy</u>
  　（彼があまりにも忙しい理由）

▍関係副詞を用いて文を作る練習
　ではここで，関係副詞を用いて文を作る練習をしましょ
う．次の 3 文を英訳してみてください．

　(1) ここが私がこの腕時計を買った店だ．
　(2) 私はしばしば自分が若かった日々を思い出す．
　(3) 彼が仕事をやめた理由は驚くべきものだった．

　考え終わったら，以下の解説に進んでください．
　では(1)からです．文を分析しましょう．

> ここが私がこの腕時計を買った店だ.
> ・下線部 → 文の骨格
> ・□□部 →「店」を修飾する形容詞節

まずは骨格を組み立てます.

　　This is the shop.

そして, この shop に対して形容詞節を加えます. shop は場所に関する名詞なので, where 節を加えればいいということになります.

　　This is the shop where I bought this watch.

これが正解になります.

次に(2)です. 文構造を分析しましょう.

> 私はしばしば自分が若かった日々を思い出す.
> ・下線部 → 文の骨格
> ・□□部 →「日々」を修飾する形容詞節

まずは骨格を組み立てます.

　　I often remember the days.

「日々」なので day は複数形です. そして days は時に関

する名詞なので，ここに when 節を加えることによって，求められる意味の文が完成します．

I often remember the days <mark>when I was young</mark>.

(3)に入ります．文の分析からです．

彼が仕事をやめた<u>理由は驚くべきものだった</u>．
- 下線部 → 文の骨格
- <mark>　　</mark>部 →「理由」を修飾する形容詞節

まずは骨格部分を訳しましょう．次のようになります．

<u>The reason was surprising</u>.

次に，reason に対して形容詞節を加えます．reason に対する形容詞節なので「why ＋ S V …」または，why を省略した「S V …」を置きます．次の文が完成します．

<u>The reason</u> (why) <mark>he quit his job</mark> <u>was surprising</u>.

そしてこの文が，〈設問〉❷の解答なのです．

§3　副詞節

▌動詞修飾語としてはたらく副詞節

ここまで，第6講の§2で名詞節を扱い，この第7講で

形容詞節を扱いました．それぞれ，153ページで示した❶，❷の従位接続詞によって作られるまとまりです．これより❸，つまり従位接続詞のうち「後ろをまとめて，1つの動詞修飾語にするもの」を見ていきます．

まずは次の**副詞節**という用語を覚えてください．

従位接続詞 S V … ひとまとまりの動詞修飾語 → これを「副詞節」という．

副詞節を作る従位接続詞の代表例を見ましょう．▓▓の部分が従位接続詞で，下線部が副詞節です．副詞節は，前後にある太字の動詞を修飾します．

(1) When I was a child, I **went** to Canada.
（私は子供のときに，カナダに行った）

(2) While you are here, you should **visit** the museum.
（ここにいる間にその博物館を訪れるべきだ）

(3) He **was** absent because he was sick.
（病気だったので彼は欠席だった）

(4) If you aren't busy now, you should **help** him.
（君がいま忙しくないのなら彼を助けるべきだ）

(5) After I cleaned my room, I **drank** beer.
（自室の掃除を終えたあと，私はビールを飲んだ）

(6) The bear **jumped** three times before it attacked a wolf.
（その熊はオオカミを攻撃する前に3回跳ねた）

(7) Though the problem was very difficult, he **solved** it easily.

（その問題はとても難しかったが彼はたやすく解いた）

(8) We **whispered** so that no one would hear our conversation.

（誰にも会話が聞こえないように私たちは小声で話した）

　副詞節は，上の文(1)，(2)，(4)，(5)，(7)のように，動詞を前から修飾することもあれば，(3)，(6)，(8)のように後ろから修飾することもあります.

　ちなみに，(5)の文の after と(6)の文の before は，後ろに S V が続くので従位接続詞ですが，以下に示す文の after, before は前置詞です．後ろが名詞のみ，だからです.

　He left Japan after the festival.

　（そのお祭りのあと，彼は日本を去った）

　My sons often study English before breakfast.

　（息子たちは朝食前にしばしば英語を勉強する）

　第 1 講の「オリエンテーション」で，英語は同じ形のまま複数の品詞になる傾向が強いということを述べましたが，ここでもその一端が垣間見えます．after と before は従位接続詞であり，前置詞でもあるのです.

　ちなみに before は副詞としても頻繁に用いられます．1 つ例を挙げましょう.

I have seen him somewhere underline{before}.

（私は<u>以前</u>，彼をどこかで見たことがある）

▍形容詞修飾語としてはたらく副詞節

　副詞節については，1つ補足をしておきます．次のような副詞節も存在することを知ってください．

I was glad that my father won the prize.

（父がその賞を獲得して私は<ruby>嬉<rt>うれ</rt></ruby>しかった）

You are lucky that your parents are gentle.

（両親が優しいなんて君は幸運だ）

We are sure that he will come here tonight.

（私たちは今晩彼がここにくることを確信している）

　多くの人は，たとえば I think that ～ . や I know that ～ . というように，他動詞の後ろに that 節を置けるということは知っているのですが，glad のような形容詞の後ろに that 節を置くという発想はほとんどないようです．

　感情を表す形容詞（glad）があり，その原因が文の内容（My father won the prize.）である場合は，その文を that 節にして形容詞の後ろに置くのです．

　また，人の性格・性質や，境遇を表す形容詞（lucky）があり，その形容詞を用いた根拠が文の内容（Your parents are gentle.）であれば，その文を that 節にして形容詞の後ろに置きます．

　思考に関する形容詞（sure）があり，思考している内容

が文の内容（He will come here tonight.）である場合，こ
れを that 節にして形容詞の後ろに置きます.

　これらの that 節はすべて，直前の形容詞を修飾していま
す. 形容詞修飾語としてはたらく that 節です. 形容詞を修
飾する語は副詞なので（70ページ参照），これらの that 節
も副詞節です. 副詞節には，次の 2 種類があるのです.

　　(1)動詞修飾語としてはたらくもの
　　(2)形容詞修飾語としてはたらくもの

　ちなみに，これらの形容詞に関しても，英和辞典の凄さ
を味わうことができます. 英和辞典には，この「形容詞修
飾語としてはたらく that 節」の情報もきちんと記載されて
いるのです. お手持ちの辞典で glad, lucky, sure を引いて
みてください. ちゃんと「that 節」という表記があるはず
です. ほかにも，たとえば sad（悲しい），happy（幸せ
だ），unlucky（不幸だ），proud（誇りに思っている），
certain（確信している）なども後ろに that 節を取ります.
そして辞書に「that 節」の表記があります.

　このような記載になっているので，英語を発信する際に，
「この形容詞の後ろに that 節を置いていいのだろうか」と
悩んだ場合は，英和辞典を引いてください. 「that 節」の
表記があれば，迷わず置いていいということになります.

　なお，この that は頻繁に省略されるので，辞書でも
that がカッコでくくられていることが多いものです.

第8講 | to不定詞句

英文法の最難関 !?

〈設問〉

以下の下線部は，いずれも to support という表現が含まれている文ですが，誰が support するかが異なります．どう異なるかを説明してください．そして文を和訳してください．

(1) I have someone <u>to support</u>.
(2) I have someone <u>to support me</u>.

---

§1 さまざまな to不定詞句の用法

従属節と準動詞句

まずは次の図を見てください．従属節のイメージ図です．

> 従位接続詞 **S V** …

具体例を2つほど見ましょう．

> that he lives in this town
> when she was young

先頭に従位接続詞があり，後ろに文があります．そして，第6講，第7講で説明したように，このまとまり全体がS，C，O，前置詞のOとしてはたらいたり（名詞節），名詞修飾語としてはたらいたり（形容詞節），動詞修飾語としてはたらいたり（副詞節）します．副詞節には，形容詞修飾語としてはたらくものもありました．

　文の中に従属節があれば，そのぶんだけ文は複雑化し，難しくなります．従属節に出くわすごとに，まとまりの終点を見極めて，全体がどうはたらいているかを考えなくてはならないのです．

　次に，以下を見てください．

| 動詞 … | ＊動詞は現在形，過去形以外の形 |

　これは動詞から始まるまとまりのイメージ図です．2つほど具体例を見ましょう．

| to play tennis |
| working in a foreign country |

　このまとまりには，従位接続詞も，主語もありません．先頭が動詞です（動詞 play の to不定詞形と，動詞 work の ing形）．英語を複雑にするまとまりの中には，このようなものもあるのです．これを「準動詞句」といいます．

　さて，上の＊のところに「動詞は現在形，過去形以外の形」とありますが，具体的にはどのような形なのでしょうか．

　日本語の動詞には,「未然形」「連用形」「終止形」など5つ前後の形がありますが,英語も同じです.これまでの例文の動詞は,ほとんどが現在形か過去形で用いられていましたが,動詞には,これ以外に次の4つの形があります.

原形　　　…辞書に記載されている形　　例 play

to不定詞形…原形の前に to が加わった形

　　　　　　　例 to play　　＊to は離して置く.

ing形　　　…原形の語尾に -ing が加わった形

　　　　　　　例 playing

過去分詞形…原形の語尾に -ed や -en が加わった形

　　　　　　　例 played, eaten

　　　　　　　＊不規則変化動詞の大半は,これとは異

　　　　　　　　なる形になる.詳しくは273ページ参

　　　　　　　　照.

　以上をふまえると,準動詞句には次の4種類があるということになります.

　❶ 原形の動詞から始まるまとまり
　❷ to不定詞形の動詞から始まるまとまり
　❸ ing形の動詞から始まるまとまり
　❹ 過去分詞形の動詞から始まるまとまり

　この第8講では**❷**を見ていきます.**❸**,**❹**は第9講で扱い,**❶**は第10講で扱います.

▎to不定詞句のイメージ図

　まずは to不定詞形の動詞から始まるまとまりのイメージ図を見ましょう.

> to V …

　このまとまりを「**to不定詞句**」といいます. to不定詞句は難敵です. 以前ある会合で, 当時, 東京大学の准教授として活躍されていた言語学者と歓談していた際に, 「英文法のすべての分野のうち, 学習者にとってどの項目が最も難しいか」という話題になり, その方は「私は to不定詞句こそが, 英文法の最難関だと思います」とおっしゃいました. 深く同意したものです.

　to不定詞句が極めて難しいものである理由として, 次の3つが挙げられます.

　① 用法が多い.
　② 情報量が少なく, 意味が曖昧になりうる表現である.
　③ 日本語ではほぼ不要な情報処理が必要になる.

　まずは①について説明します. 仮に to不定詞句が, 1つの用法, 1つの意味しかもたないのであれば, 攻略するのは難しくはないはずです. ところが to不定詞句の用法は, メインのものだけでも次の5つがあります.

　⑴ 名詞的用法
　⑵ 形容詞的用法

(3) 副詞的用法（動詞修飾語）

(4) 副詞的用法（形容詞修飾語）

(5) ＳＶＯＣ（第5文型）のＣとしての用法

このうち(1)〜(4)の4つを本講で扱い，最後の1つは第10講で扱います（243ページ参照）.

さらに，1つの用法の中で枝分かれしていくものもあり，to不定詞句についての細かな探究を始めるとキリがないほどに話が続きます.

では，入門の段階では何を優先させるべきでしょうか.何よりも，メインの用法の例文を，正解に理解でき，和訳できるようになるということです.

これより，各用法を順に見ていきます. 用法が多く，やや単調に感じることもあるかもしれませんが，多くの用法を学ぶからこそ，その後に扱う②と③を，実感とともに理解できるようになります. 丁寧に読み進めてください.

▎(1) 名詞的用法（Ｓ，Ｃ，Ｏ，前置詞のＯ）

　to不定詞句には，名詞節と同じように，Ｓ（主語），Ｃ（補語），Ｏ（目的語），前置詞のＯ（前置詞の目的語）としてはたらく用法があります.「**名詞節は4色ボールペン**」でしたが，to不定詞にも，4色ボールペンとしての用法があるのです. 例を見ましょう.

<u>To live without air</u> is impossible.
　　　　Ｓ
（空気なしで生きるのは不可能だ）

My job is to wash cars.（僕の仕事は車を洗うことだ）

          C

We decided to buy this house.

              O

（私たちはこの家を買うことを決めた）

　下線部がそれぞれ，**S**，**C**，**O** としてはたらいています.
この用法では，to不定詞句全体を，「の」あるいは「こと」
という言葉でまとめます.

　次に前置詞の **O** としてはたらく例を見ますが，まずは次
のことを知ってください.

> to不定詞句を目的語に取ることのできる前置詞は，
> except と but のみである.

　これについて説明します. まずは before breakfast とい
う表現について考えましょう. これは前置詞 before の後
ろに，名詞 breakfast が目的語として置かれています. こ
の before breakfast は，「朝食の前に」という意味です.

　ここで，before の後ろの部分に，動詞を含む内容を置き
たいとします. たとえば「この道具を使う前に」という内
容の表現を作りたいとします.

　to不定詞句に，前置詞の **O** としての用法があるのなら，
次のようにしてもよさそうです.

　　before to use the tool
　　前置詞　　前置詞の O

　ところがこの表現はゆるされません．before は，後ろに
to不定詞句を取ることができる前置詞ではないのです．
before 以外の前置詞，たとえば after も，of, for, on, at, in,
with もすべて，to不定詞句を後続させることができません．
　例外的に to不定詞句を O に取れる前置詞があり，それ
が except と but なのです．ともに「～以外」という意味
です．
「except ＋ to不定詞句」「but ＋ to不定詞句」が含まれた
例文を見ましょう．

　　He never spoke except <u>to answer questions</u>.
　　（彼は質問に答える以外は決して喋らなかった）
　　I had no choice but <u>to leave the company</u>.
　　（私はその会社を去る以外の選択肢がなかった
　　　→私はその会社を去るしかなかった）

　以上のような，**S**，**C**，**O**，前置詞の**O**としてはたらく
to不定詞句は，「名詞的用法」と呼ばれます．「to不定詞の
名詞的用法は４色ボールペン」という言葉とともに，この
用法を記憶してください．

▌(2) 形容詞的用法（名詞修飾語）

　to不定詞句には，形容詞節と同じように，後ろから名詞
を修飾する用法もあります．これは不定詞句の中の最難関
です．３つのパターンに分けて丁寧に話を進めていきます．

▍主格の関係代名詞節に相当するもの

まずは例文を見ます.

> You are the person <u>to lead this team next year</u>.
> （君は来年このチームを率いていくべき人物だ）
> I have a lot of friends <u>to help me</u>.
> （私には，私を助けてくれる多くの友達がいる）

それぞれの文は，次のように書き換えられます.

> You are the person <u>who **should** lead this team next year</u>.
> I have a lot of friends <u>who **will** help me</u>.

この2つの下線部は，ともに主格の**関係代名詞節**です（「関係代名詞節」とは，関係代名詞によってまとめられる従属節のことです）.

最初の文は，部活の顧問が次期キャプテン候補にいっている言葉だと考えてください．すると，to不定詞句を関係代名詞節に書き換えた場合，内部にshould（義務の意味をもつ助動詞）のニュアンスを読み込むのが適切です.

2番目の文は，「自分のことを助けてあげよう，という意志をもってくれている友達」ということでしょうから，関係代名詞節に書き換えた場合，will（意志，予定の意味の助動詞）のニュアンスを補って解釈します.

このように，主格の関係代名詞節に相当するto不定詞句は，will, should, あるいはcanなどの意味を補いなが

ら読むのですが, この３つのうちどの意味なのかは, 文ご
とに自分で判断しなくてはなりません.

さらに, これらを補わずに読む場合もあります.

She is the first woman <u>to win the prize</u>.
（彼女がその賞を獲った最初の女性だ）
Joe was the only one <u>to remember my birthday</u>.
（ジョーが私の誕生日を覚えていた唯一の人だった）

これらは, 次のように書き換えられます.

She is the first woman <u>who won the prize</u>.
Joe was the only one <u>who remembered my birthday</u>.

書き換えた下線部（関係代名詞節）の内部に, will も
should も can もありません. 次のことを記憶してくださ
い.

> 主格の関係代名詞節に相当する to不定詞句によって
> 修飾される名詞が, 以下のものに前から修飾されてい
> る場合は, 原則として will, should, can のニュアンス
> をもたない.
> • first, second, third などの序数詞
> • last
> • only
> この場合は, 「〜つもり」「〜べき」「〜できる」など

の言葉は添えずに訳す.

　以上のように, 主格の関係代名詞節に相当する to 不定詞句は, 複雑な読み方が必要なのです.

▍目的格の関係代名詞節に相当するもの

　名詞修飾語としてはたらく to 不定詞句の, 2つ目のパターンに入ります.

> I want a book to read on the train.
> （私は電車の中で読む本がほしい）
> This is a book to read while you are young.
> （これは若い間に読むべき本だ）
> Let's find something to sit on.
> （座れるものを探そう）

　名詞の直後に to 不定詞句があり, この句の動詞の**O**または前置詞の**O**が欠けている場合があります. 上の文では, それぞれ他動詞 read の**O**, 他動詞 read の**O**, 前置詞 on の**O**が欠けています. このような to 不定詞句は, 目的格の関係代名詞節に相当するものとして理解します. つまり, 上の各文は, 次のように書き換えられるのです（that は which でもかまいません）.

> I want a book that I **will** read on the train.
> This is a book that you **should** read while you are young.

Let's find something that we **can** sit on.

　目的格の関係代名詞節に書き換える場合は，まず，適切な主語を補います（それぞれ I, you, we）．さらに，主格の場合と同じように，適切な助動詞を補います．

　最初の文は，「これから電車の中で読むつもりの」「読む予定の」という意味だと判断するのが自然です．したがって，will を補うことになります．

　2番目の文は，修飾されている名詞が book です．「若い間に」とあるので，この内容から，should の意味を補って理解します．同じ read でありながら，最初の文とは意味が微妙に異なるのです．

　3番目の文は，座る場所を探しているという状況です．「座る場所」は，より詳しくは「座れる場所」だといえます．can を補いましょう．

　なお，will, should, can の意味は，必ずしも和訳に出す必要はありません．たとえば最初の文は「私は電車の中で読むつもりの本がほしい」などとするとむしろ不自然です．3番目の文は，「座れるものを探そう」と訳しましたが，can の意味を和訳に反映させずに「座るものを探そう」としても意味は伝わります．

　このあたりの匙加減は，訳をする人に任されています．必要に応じて「つもり」「予定」「べき」「できる」などの言葉を補って訳します．これは主格の場合も同じです．

▌その他のもの

　名詞を修飾する to不定詞句の中には，主格や目的格の

関係代名詞節に相当しないものもあります．この場合は，必要に応じて「ための」「という」などの言葉を補いながら訳します．例文を見ましょう．

I followed his advice <u>to accept the offer</u>.
（その申し出を受けろ<u>という</u>彼の助言に私は従った）
Last year, I had a chance <u>to travel abroad</u>.
（去年，私は海外旅行をする機会があった）
He needs time <u>to read the book</u>.
（彼はその本を読む<u>ための</u>時間を必要としている）

　最初の文の下線部は，advice の内容がどのようなものかを説明しています．2番目の文では，下線部が chance の内容を説明しています．3番目の文では，to不定詞句が何をするための time なのかを説明しています．

　最初の文は「という」，3番目の文は「ための」という言葉を補っています．2番目の文は，「という」も「ための」も補わないほうが自然です．文ごとに臨機応変に考えてください．

　以上，名詞修飾語としてはたらく to不定詞句を3パターン見てきました．これらは「形容詞的用法」と呼ばれます．

▍(3) 副詞的用法（動詞修飾語）

　to不定詞句には，動詞修飾語としてのはたらきもあります．すぐに例文を見ましょう．

He **worked** in Paris <u>to improve his French</u>.

　（フランス語の力を上げるために，彼はパリで働い
　　た）

<u>To win the game</u>, we **did** our best.

　（その試合に勝つために，我々は全力を尽くした）

　下線部は，前後の動詞（太字の部分）を修飾します．こ
の場合は，ほぼすべての例が，「〜ために」という目的の
意味をもちます．

　ただし，この訳でうまくいかない場合もわずかにあり，
この場合は仮定の意味で取ります．「たら」「れば」という
言葉を添えて訳すのです．例文を見ましょう．

<u>To hear his voice</u>, you may **think** that he is an
announcer.

　（彼の声を聞いたら，君は彼をアナウンサーだと思う
　　かもしれない）

　これらのような，動詞修飾語としてはたらく to不定詞
句は「副詞的用法」と呼ばれます．

▌(4) 副詞的用法（形容詞修飾語）

　to不定詞句には，形容詞修飾語としてはたらくものもあ
ります．これも副詞的用法です．形容詞を修飾するものは
副詞だからです．ここは 3 パターンに分けて話を進めます．

▌感情の原因，判断の根拠を表すもの

I was sad <u>to hear the news</u>.
（私はそのニュースを聞いて悲しんだ）
My son was glad <u>to read the letter</u>.
（息子はその手紙を読んで喜んだ）
You are crazy <u>to say such a thing</u>.
（そんなことをいうとは君はおかしい）
She is lucky <u>to have a beautiful voice</u>.
（声が美しいなんて彼女はラッキーだ）

最初の2文は，用いられている形容詞が感情に関するものです．そして to 不定詞句がその感情の原因を表します．

一方，次の2文では形容詞が，人の性格・気質に関するものや，人が置かれている境遇に関するものです．そして，その後ろの to 不定詞句は，そのように判断した根拠を示しています．

このような to 不定詞句には，「〜して」「〜とは」「〜なんて」などの言葉を添えて，形容詞に対して修飾させます．

▌to不定詞句の内部でOが欠けている場合

形容詞の後ろにある to 不定詞句の中には，次のような構造をもつものもあります．

形容詞 │ to V │ ＊ V の O が欠けている

形容詞 │ to V 前置詞 │ ＊前置詞の O が欠けている

「形容詞 + to不定詞」という連なりがあり，to不定詞句の
内部で，他動詞または前置詞の目的語が欠けていることが
あります．この場合は，to不定詞句の内容に「〜のが」
「〜のに」「〜には」などの言葉を添えて，形容詞に修飾さ
せて訳します．例を見ましょう．

> This language is difficult <u>to read</u>.
> （この言語は読むには難しい）
> The problem is easy <u>to solve</u>.
> （その問題は解決するのがやさしい）
> This town is comfortable <u>to live in</u>.
> （この町は住むのに快適だ）

　最初の文の下線部では，他動詞 read の O が欠けていま
す．2番目の文の下線部では，他動詞 solve の O が欠けて
います．3番目の文の下線部では，前置詞 in の O が欠け
ています．

▌その他のもの（成句的表現）

　形容詞修飾語としてはたらく to不定詞句が，上記の 2
パターンのもの以外の場合は，「be動詞 + 形容詞 + to」の
まとまりでとらえます．そして，このまとまりで意味を記
憶します．代表例を示します．

---

be able to（〜することができる）
be apt to（〜しがちである）

---

be certain to（きっと〜する）

be due to（〜する予定である，〜ことになっている）

be eager to（しきりに〜したがる）

be liable to（〜しがちである）

be likely to（〜しそうである）

be ready to（〜する準備ができている）

be scheduled to（〜する予定である）

be supposed to（〜することになっている）

be sure to（きっと〜する）

be willing to（〜するのを厭わない）

be unable to（〜することができない）

be unlikely to（〜しそうにない）

　これらのうち，たとえば be able to は，can と同じ意味をもつ助動詞として扱われることが多く，また，その他の大半は「熟語」として処理されることが多いのですが，実は，これらの表現の to 以下は，形容詞修飾語としてはたらく to 不定詞句の一用法なのです.

　いくつか例文を見ましょう.

My son <u>is able to</u> speak five languages.
　（うちの息子は 5 ヵ国語が話せる）

Who <u>is likely to</u> be the next president?
　（誰が次期社長になりそうだろうか）

<u>I'm ready to</u> start.
　（出発する準備はできている）

　以上で，to不定詞句の用法のうち，主要なものの大半を
見終えました．ここからは，短くてシンプルなto不定詞
句が，実はいかに難しいものかということを，従属節との
比較のうえで考察していきます．

§2　to不定詞句の難しさ

▎同一の形のまま多くの意味になる難しさ
　次の2文を見てください．

(1) You are the person <u>to lead this team next year</u>.
(2) He worked in Paris <u>to improve his French</u>.

　いずれも文末にto不定詞句が存在する文ですが，意味
を考え，(1)ではto不定詞句が直前の名詞を修飾するのだ
と判断します（形容詞的用法）．そして「person が lead す
る」という関係をつかみとり，このto不定詞句は，主格
の関係代名詞節に相当するものだと判断します．また，to
不定詞句の内容には should（〜すべき）の意味があるこ
とを読み取ります．
　一方の(2)も，to不定詞句の直前に名詞がありますが，
「Paris が improve する」と考えるのは，意味の上で不自然
です．このto不定詞句は，名詞 Paris ではなく，動詞
worked を修飾するものであり，「〜ために」という目的の
意味をもつのだと判断します（副詞的用法）．
　このように，(1)と(2)は表面上はいずれも「文末が to不
定詞句．その直前が名詞」という構造の文なのですが，意

味を考えながら，to不定詞句の役割の違いを見抜かなくてはなりません.

次に，以下の2文を見てください.

(3) You are the person <u>who</u> should lead this team next year.

(4) He worked in Paris <u>so that</u> he would improve his French.

これらの下線部は，(1)と(2)の下線部を従属節（それぞれ形容詞節と副詞節）に書き換えたものです．このように従属節を用いた場合は，(3)と(4)の意味の違いは一目瞭然です．別個の従位接続詞である who と so that が用いられているので，混同のしようがありません（so that は191ページで扱いました）．「意味を考えながら判別する」というような作業は不要なのです．

このように，(1)(2)と(3)(4)を比較することにより，いかにto不定詞句が面倒なものかがわかります.

▌ 自力で主語を読み込まなければならない苦しさ

次の3文を見てください.

(1) I want a book <u>to read on the train</u>.

(2) Let's find something <u>to sit on</u>.

(3) <u>To hear his voice</u>, you may think that he is an announcer.

　下線部はいずれも to不定詞句です．to不定詞句は，動詞から始まるまとまりであり，内部に主語が存在しません．存在しない以上，to不定詞句の主体が何なのかは，自力で考えるしかありません．上の文の主体を考えてみましょう．

　(1)では文の主語が I なので，read する人も I だと判断します．(2)は Let's と相手に誘っているので，to sit の主体は we だと判断します．(3)は to hear の主体が誰かわからないまま読み進め，後半に you が出てきて初めて，to hear の主体が you だとわかります．

　このように，to不定詞句に相対した場合は，「自力で主体を判断する」という作業が要求されるのです．

　ここで，上の下線部を，従属節に書き換えてみましょう．

(1) I want a book <u>that **I** will read on the train</u>.

(2) Let's find something <u>that **we** can sit on</u>.

(3) <u>If **you** hear his voice</u>, you may think that he is an announcer.

　従属節は「従位接続詞＋ S V …」という構造です．内部には主語があります（太字の部分）．したがって，「誰が V したか」「何が V したか」で迷うことがないのです．

▍助動詞を置けないことによる意味の曖昧さ

　まずは次の 3 文を見てください．

(1) We need someone <u>to work with us</u>.

(2) She needs someone <u>to trust</u>.

(3) I have something to tell you.

　下線部の to 不定詞句は，いずれも形容詞的用法です．
(1)は主格の関係代名詞節に相当するものであり，(2)と(3)は
それぞれ他動詞 trust の O と，他動詞 tell の O₂ が欠けてい
るので目的格の関係代名詞節に相当する to 不定詞句です．
　主格の to 不定詞句は，原則として will, should, can など
の意味を補って考えるものでした．目的格の to 不定詞句
も，これらの意味を補うのでした．上の各文では，補うべ
き助動詞はどれでしょうか．
　(1)は someone 以下を「私たちと一緒に働く意志のある
人」という意味だと考えれば will であり，「私たちと一緒
に働くことのできる人」という意味だと考えれば can です．
どちらでしょうか．
　この文だけからは，どちらとも決められません．あるい
は両方の意味が入っているとも考えられます．
　(2)は someone 以下を，「彼女が信頼できる人」という意
味だと考えれば can であり，「彼女が信頼すべき人」であ
れば should です．どちらとも考えられます．
　(3)は something 以下を，「あなたに告げるべきこと」と
いう意味だと考えれば should であり，「あなたに告げたい
こと」という意味なら will です．
　to 不定詞句の内部には，主語が存在しないだけでなく，
助動詞も置けません．どのような助動詞の意味があるかは，
文脈に照らし合わせながら，自分で嗅ぎ取るしかないので
す．
　実際，上の文をネイティブスピーカーに見せて，「will,

should, can の意味のどれがあるか？」と尋ねてみたのですが，「この文だけで判断するのは難しい」という返答でした．ネイティブですら，文単独では意味がはっきりと決められないのです．

　一方，従属節は「従位接続詞＋ＳＶ …」という形なので，助動詞を入れたい場合は，ＳとＶの間に置けばいいだけです．たとえば(1)が will の意味であれば，次のように表現すればいいのです．

　　We need someone who **will** work with us.

　can なら次のようにすれば，その意味がそのまま伝わります．

　　We need someone who **can** work with us.

　いかに従属節が，クッキリとした意味をもつ表現なのかということ，そして逆に準動詞句が，いかに曖昧さを抱えた表現なのかということがわかります．

▎〈設問〉の解答

　では冒頭の〈設問〉の解答に入りましょう．次の2文では to support の主体が異なるのですが，どう異なるでしょうか．

　　(1) I have someone to support.
　　(2) I have someone to support me.

(1)では，他動詞 support の O が欠けています．このことから to 不定詞句は，目的格の関係代名詞節に相当するものだとわかります．この文は次のように書き換えることができるのです（who は whom でも可）．

I have someone <u>who I should support</u>.
（私には〔私が〕支えるべき人がいる）

自分が扶養者です．

一方の(2)は，to support me の部分に O の欠けがありません．support の O が me と示されているので，自分は支えられる側です．この下線部は，主格の関係代名詞節に相当するものだと判断できます．次のように書き換えられるのです．

I have someone <u>who will support me</u>.
（私には，私を支えてくれる人がいる）

will ではなく，場合によっては should や can を読み込むことも可能です．このあたりの微妙さ，意味の曖昧さについては，すでに述べた通りです．

以上のように，(1)では support するのは I であり，(2)では someone だということになります．

▌to不定詞句の用法の一覧と品詞の多様性

ここまでに見た to 不定詞句の用法をまとめましょう．

---

(1) **S**，**C**，**O**，前置詞の**O**としてはたらく
　（名詞的用法）
(2) 名詞修飾語としてはたらく（形容詞的用法）
　①主格　②目的格　③その他
　＊①は will, should, can の意味を読み込む場合と読
　　み込まない場合がある．②は必ず読み込む．
(3) 動詞修飾語としてはたらく（副詞的用法）
　①目的　②仮定
(4) 形容詞修飾語としてはたらく（副詞的用法）
　① 感情の原因，判断の根拠
　② **O**が欠けている場合は「～のが」「～のに」など
　　を補って形容詞を修飾する．
　③ 成句的表現

　この第8講で扱っただけでも(1)～(4)の4種類があり，さ
らに(2)～(4)では，その中に数種類のものがあります．これ
だけ用法があるということは，文の中でto不定詞句に出
くわすたびに，これらのうちのどれなのかを判別しなくて
はならないということです．また，自分がto不定詞句を
適切に用いるためには，すべての用法を記憶しておき，正
しく文の中に埋め込めなくてはなりません．

　このように，to不定詞句は用法が多いという点で難しい
表現なのですが，単に多いというだけではなく，日本語話
者には特に厄介な特徴を抱えています．

　上のワク内の4つの下線部に注目してください．ここを
見れば，(1)の to不定詞句のまとまりが，品詞でいえば名

詞だということがわかります．(2)は形容詞であり，(3)と(4)は副詞です．第1講の「オリエンテーション」で述べた通り，日本語では品詞ごとに単語の形が異なるのが原則ですが，英語では，複数の品詞を兼ねる単語が多いのでした．そしてその兼ねるという現象が，単語のみならず，to不定詞句という「句」でも見られるのです（「句」とは2語以上のまとまりです）．

　日本語では品詞が違えば形が異なるのが原則なので，日本語話者は，「同じ形の表現が，複数の品詞にまたがり，どの品詞として用いられているかを判別する」という作業に慣れていません．ところがto不定詞句に関しては，常に「名詞的なものか」「形容詞的なものか」「副詞的なものか」という，複数の品詞を候補とする判別が要求されます．ふだん母語では，ほとんど避けて通ることができている作業に直面しなくてはならないのです．

　やはり母語とのギャップが激しい文法項目には，大きな困難を感じるものです．そしてこの困難こそが，198ページで示したto不定詞句の難しさの③なのです．

　今後，英文に接していて，理解できないto不定詞句に出会った場合は，自分が予想している品詞とは異なる品詞の用法である可能性を疑うようにしてください．

　なお，この第8講の内容は，66ページで示した「**3** パーツが拡大する」の1例です．2番目が「準動詞句（to不定詞句，ing句，過去分詞句）」となっており，ここに「to不定詞句」があることが確認できます．次の第9講では，その次の「ing句」と「過去分詞句」を扱います．

第9講 | ing句と過去分詞句
to不定詞句のライバルたち

〈設問〉

1 以下はある喫茶店のレシートの末尾の文ですが，
文法上，誤りのある英文です．どこをどう修正す
べきか答えてください．

Thank you for to visit *Café DRAGON*.
カフェドラゴンにご来店下さり有難うございます

2 次の英文には誤りがあります．その下の和訳にふ
さわしい文に改めてください．

(1) That museum is worth visiting it.
（あの博物館は訪れる価値がある）

(2) Seeing from the sky, this island looks like a
bird.
（空から見ると，この島は鳥のように見える）

§1 ing句

ing句の形

この第9講ではまず，197ページで示した「**3** ing形の
動詞から始まるまとまり」を扱います．本書ではこれを

「<ruby>i n g<rt>アイエヌジー</rt></ruby>句」と呼ぶことにします.

　まずはing句の形を, 第8講で扱ったto不定詞句と比較のうえで見てみることにしましょう.

　　　to不定詞句の形　| to V … |

　　　ing句の形　　　| V ing … |

動詞の形が違うだけで, 次の点は同じです.

- 従位接続詞も主語も存在しない.
- will, should, can などの助動詞を置くことができない.

ing句には多彩なはたらきがあります. 代表的なものだけで, 次の5つがあります.

　⑴ S, C, O, 前置詞のO としてはたらく
　⑵ 名詞修飾語としてはたらく
　⑶ 動詞修飾語としてはたらく
　⑷ 形容詞修飾語としてはたらく
　⑸ S V O C (第5文型) のC としてはたらく

この5つは to不定詞句と同じです.

　この第9講では, ⑴から⑷までを見ていきます. ⑸は to不定詞句と同じく, 第10講で扱います (247ページ参照).

▌(1) S，C，O，前置詞のOとしてはたらくing句（**動名詞**）

まずはS，C，Oとしてはたらく例を見ます．

　Opening this safe would be impossible.
　<u>　　S　　</u>
　（この金庫を開けることは不可能だろう）

　My hobby is making jewelry.
　　　　　　　　<u>　　C　　</u>
　（私の趣味は宝飾品を作ることだ）

　The man stopped speaking.
　　　　　　　　<u>　O　</u>
　（その男は話すのをやめた）

　下線部は，それぞれS，C，Oとしてはたらいています．この場合は，名詞的用法のto不定詞句と同じように「〜こと」「〜の」と訳します．これを**動名詞**といいます．「**動名詞は4色ボールペン**」です．

　さて，この動名詞と名詞的用法のto不定詞句は，同じ4色のボールペンであり，「〜こと」「〜の」という訳も同じであるのなら，全く同じように用いることができるということになりそうです．ところがこの2つの用法には，いくつかの違いがあります．

　その最大のものは，前置詞のOとしてはたらく場合の"活躍ぶり"です．to不定詞句と関連づけながら，次のことを記憶してください．

　前置詞のうち，except と but だけが，to不定詞句をO

に取ることができる（200ページ参照）．一方，多くの前置詞が，動名詞を O に取ることができる．

例文を見ましょう．

Before <u>meeting the novelist</u>, I **read** his latest work.
（その小説家に会う前に，私は彼の最新作を読んだ）
After <u>finishing the job</u>, he **went** to Milan.
（その仕事を終えたあと，彼はミラノに行った）
Lisa **scolded** Joe for <u>being too lazy</u>.
（リサはジョーをあまりに怠惰であることで怒った）

to不定詞句を O に取れない before や after, for も，動名詞なら O に取ることができるのです．

上の3例は，「前置詞＋動名詞（下線部）」が動詞（太字の部分）を修飾する例ですが，「前置詞＋動名詞」が直前の形容詞を修飾する例も多く見られます．以下がその例文です．形容詞を太字にします．

Mr. Yoneda is **good** at <u>speaking Polish</u>.
（米田氏はポーランド語を話すのが得意だ）
I am **proud** of <u>living in this city</u>.
（私はこの市に住んでいることに誇りをもっている）

以上から，〈設問〉**❶** が解決します．前置詞 for の後ろに to不定詞句は置けないのです．<u>to visit *Café DRAGON*</u> の部分を，<u>visiting *Café DRAGON*</u> と改めなくてはなりま

せん.

▌(2) 名詞修飾語としてはたらく ing句

これもすぐに例文を見ます.

> My son is the boy <u>sitting on the bench</u>.
> （うちの息子はベンチに座っているその男の子だ）
> I know the girl <u>singing on that stage</u>.
> （あのステージの上で歌っている少女を知っている）

下線部が直前の名詞を修飾します. 上の sitting と singing
には,「～している」という進行の意味があります. 下線
部は, 関係代名詞を用いて書き換えることができます.

> My son is the boy who is sitting on the bench.
> I know the girl who is singing on that stage.

これらの who は主格の関係代名詞です.
　このように,「名詞＋これを修飾する ing句」という構
造がある場合は, 主格の関係代名詞と be動詞を補って,
「～している」という進行の意味を読み込むのが原則です.
　逆に, 自分が英語を書いたり話したりする際には,「主
格の関係代名詞＋進行形の be動詞」をカットしていい,
ということになります. 1つ練習をしておきましょう.
　次の文を, 2語少ない文で言い換えてください. そして,
その文を和訳してください.

The boys who are running over there are tennis
players.

カットする語はもちろん who are です．この結果，ing
句（下線部）が現れることになります．

The boys running over there are tennis players.
（あそこで走っている少年たちはテニスの選手だ）

同じ名詞修飾語でも，to不定詞句は「主格」「目的格」
「その他」という枝分かれがありますが，名詞修飾語とし
てはたらく ing句は，そのような枝分かれはありません．
"主格のみ"であり，この点は楽だといえます．
ただし，次の点にだけは注意が必要です．

ing句の **V** が状態動詞である場合は，原則として進行
の意味は読み込まない．

状態動詞については，第4講で扱いました．動詞は，動
きのある「出来事動詞」と，動きのない「状態動詞」に分
けられるのでした（83ページ参照）．
ing句の **V** が状態動詞である例を見ましょう．

He showed me photos of a man resembling my son.
（彼は私の息子に似た男の写真を見せてくれた）

resemble（似ている）には動きはありません．状態動詞

です．状態動詞が名詞修飾語としてはたらくing句のVである場合は，次のように解釈します．

He showed me photos of a man <u>who resembled my son</u>.

進行の意味は読み込まないのです．関係代名詞節（下線部）の動詞が，進行形ではないことを確認してください．

▎(3) 動詞修飾語としてはたらくing句（分詞構文）

to不定詞句には，前後から動詞を修飾する用法がありました（副詞的用法．206ページ参照）．ing句にもこの用法があります．これを**分詞構文**といいます．やや違和感のある文法用語かもしれませんが，このように決まっているものとして覚えてください．

副詞的用法のto不定詞句は，ほぼすべてのものを「〜ために」と訳せばいいのでした（207ページ参照）．したがって，訳に迷うことはほとんどありません．

一方の分詞構文は，訳語が数多くあります．「〜て」「〜ので」「〜ながら」「〜と」「〜ら」「〜まま」「〜が」のうちから選ばなくてはなりません．これらは覚えにくいので，次のように並べ替えて，リズムで覚えます．

て・と・ら・ながら【ここで一呼吸】，
ので・まま・が．

まずは「て・と・ら」と「ながら」です．一度ここで区

切ります.「ら」が連続するので頭に残りやすいのです.
そして次に,「ので」「まま」「が」と続いて完成です. こ
れを何十回か唱えれば覚えられます. 苦手な人の多い分詞
構文ですが, 上の方法で, 訳語の多さという厄介さはまず
クリアーできます. なお「ら」は,「た<u>ら</u>」という訳語の
「ら」です.

　では例文を見ましょう. 下線部が分詞構文で, これが前
後の動詞（太字の部分）を修飾します.

　　<u>Driving his car</u>, he **found** a nice coffee shop.
　　（ドライブをしていて／していたら, 彼は素敵な喫茶
　　店を見つけた）
　　<u>Walking in the forest</u>, I **met** a beautiful girl.
　　（その森の中を歩いていると／歩いていたら, 私は美
　　少女に出会った）
　　<u>Being sick</u>, he was not able to **play** in the game.
　　（病気だったので, 彼はその試合に出られなかった）
　　<u>Reading through the book</u>, I **thought** it was suitable
　　for beginners.
　　（その本を読み通してみて／読み通してみたのだが,
　　私は初心者にぴったりだと思った）
　　He **came** to the party, <u>wearing a red tie</u>.
　　（赤いネクタイをして, 彼はそのパーティーに来た）
　　The man **delivered** a speech, <u>holding a coat</u>.
　　（その男はコートを抱えて／抱えながら／抱えたまま
　　スピーチをした）

分詞構文の訳出に関しては，次の点でも面倒です．

　１つの分詞構文の例文に対して，複数の訳語が可能である例が多い．

　これは上の例からわかります．たとえば２番目の文の **walking in the forest** は，「その森の中を歩いていると」とも「その森の中を歩いていたら」とも訳せます．最後の文の **holding a coat** の部分は３通りの訳語が可能です．分詞構文にはこのような面倒もあるのです．
　さらに，置かれる位置という点でも，分詞構文は少し厄介です．次のことを知ってください．

　分詞構文は，文の内部に挿入されることもある．

例を見ましょう．

> My son, <u>seeing the woman</u>, ran to the door and opened it.
> （息子はその女性を見て，ドアのところまで走り，ドアを開けた）

分詞構文が **S** と **V** の間に入り込んでいます．
加えて，次のことも知らなくてはなりません．

　文の後半に分詞構文がある場合，動詞修飾語として訳すのではなく，ing形の動詞を，and **V** の意味で解釈

する例も少なくない.

例を見ましょう.

The typhoon hit our city, <u>causing great damage</u>.
（その台風がうちの市を襲い，甚大な損害をもたらした）

上の文は「文＋分詞構文（下線部）」という構造ですが，「て」「と」「ら」「ながら」「ので」「まま」「が」のどの言葉を用いても，訳し上げるとうまくいきません. このような場合は，and で結ばれた文のように解釈します. つまり上の下線部は，以下の下線部とほぼ同じ意味なのです.

The typhoon hit our city <u>and caused great damage</u>.

この用法は，英字新聞などでも頻繁に見られます. 日々の英語との関わりの中で，普通に対応できなければならないものです. 大切な用法なのでもう1例見ましょう.

The flight will depart Paris at 13:15, <u>arriving in Cairo at 18:45</u>.
（そのフライトはパリを13時15分に発ち，カイロに18時45分に到着する予定だ）

to不定詞（副詞的用法）も，分詞構文も，同じように動詞修飾語としてはたらくものです. ところが，分詞構文を

苦手とする人のほうが圧倒的に多く見られます.

　その原因は, ここで見たような分詞構文の訳の候補の多さ, 位置の多様さなどにありますが, 加えてもう1つ, 日本の英語学習者に特有の理由があります. そしてこれは, 現在完了が難しい理由の2つ目と同じく, 人為的なミスです.

　それは, 学びはじめの時期の遅さです. to不定詞句（副詞的用法）は, ほぼすべての学習者が, 遅くとも中学の終わりまでに学びます. ところが分詞構文は, 高校で初めて扱われるのが一般的です.

　この学びはじめの時期のズレは不適切だといえます. 「動詞修飾語としてはたらく準動詞句どうし」ということで分詞構文も中学までに扱うべきなのですが, 一般的には高校まで“おあずけ”となっており, この初動の遅さが, 後々まで苦手意識を引きずる原因となっています.

　ぜひ, ここで扱った9つの例文を何度も音読し, 筆写して, 分詞構文を攻略してしまってください.

▌(4) 形容詞修飾語としてはたらく ing句

　to不定詞句によって修飾される形容詞は, 3パターンに分けて多くの語を見ました（207ページ参照）.

　一方, ing句に修飾される形容詞は, とりあえず3語を覚えれば十分です. まずは2語を見ます.

　　I'm busy <u>checking e-mails.</u>
　　　（メールをチェックするのに／していて忙しい）
　　I'm happy <u>living in this town.</u>

（この街に住んでいて幸せだ）

busy, happy の後ろにある ing句は，これらの形容詞を修飾します．そして「〜するのに」あるいは「〜していて」という言葉を補いながら形容詞に修飾させます．

逆に，「〜するのに／していて忙しい」「〜していて幸せだ」という内容は，「busy ＋ ing句」「happy ＋ ing句」で表現できるようになってください．英語の発信力を上げるための最大の秘訣の１つは，理解した文の応用可能性について思いを巡らせることです．つまり，常に「発信もできるようになろう」という意識で文に接することが重要なのです．

もう１つは worth です．

The park is worth visiting several times.
（その公園は数回訪れる価値がある）
This song is worth listening to.
（この歌は聴く価値がある）

この表現を用いる際には，次の注意が必要になります．

worth に続く ing句の内部には「Oの欠けた他動詞」または「Oの欠けた前置詞」を置く．

上の例でも動詞 visit と，前置詞 to のOが欠けています．この知識があれば，〈設問〉**2**の(1)が解決します．That museum is worth visiting it. という文の it は不要なのです．

▌ ing句の用法の一覧と品詞の多様性

ここまでに見た ing 句の用法をまとめてみましょう.

---

(1) S，C，O，前置詞の O としてはたらく（動名詞）
(2) 名詞修飾語としてはたらく
　　① 進行の意味をもつ
　　② 進行の意味の意味をもたない
(3) 動詞修飾語としてはたらく（分詞構文）
　　［訳］て・と・ら・ながら・ので・まま・が
　　＊ing形の動詞を「and V」で解釈するものもある.
(4) 形容詞修飾語としてはたらく
　　① ing句の内部で O の欠けがない（busy, happy）
　　② ing句の内部で O の欠けがある（worth）

　この第9講で扱ったものだけでも，これだけの用法があ
ります. そして，to不定詞句と同様に，「品詞の兼務」が
あります. (1)は名詞的なものであり，(2)は形容詞的なもの
であり，(3)と(4)は副詞的なものです. まさに ing 句は to不
定詞句と同じような難しさを抱えているのであり，to不定
詞句のライバルともいえる存在なのです.

§2　過去分詞句

▌ 過去分詞形が用いられる2つの場面

　ここからは，to不定詞句のもう1つのライバルに関する
話になります. まずは，過去分詞形について考えることか

ら話をスタートさせます.

　過去分詞形とは, 主に原形の語尾に -ed や -en が加わった形でした (78ページ, 273ページ参照). これはどのような場面で用いられるものだったでしょうか. ここまでの話を思い出してみてください.

　次の2つの場面です.

　　(1) 現在完了　＊第4講参照

　　(2) 受動態　＊第5講参照

　これらのうち, 受動態で用いられる過去分詞形については, 準動詞句としての用法も頻繁に見られます. これについて話を進めていきましょう.

▌過去分詞句の形とはたらき

　次の図を見てください. 受動態の文のイメージ図と, これに対する情報の追加です.

S　be動詞　**V**（過去分詞形）….

　　　　　　→ 過去分詞形以下の部分を, 1つの
　　　　　　　　まとまりとして用いることができる.

　準動詞句には, to不定詞句や ing句だけでなく, 上のような「過去分詞形の動詞から始まるまとまり」も存在するのです. これが第8講197ページで示した**4**で, 「**過去分詞句**」と呼ばれます.

　過去分詞句は, 次の3つのはたらきをもちます.

　　(1) 名詞修飾語（後ろから名詞を修飾する）

⑵ 動詞修飾語（前後から動詞を修飾する）
⑶ ＳＶＯＣ（第5文型）の**C**

to不定詞句やing句に比べて，機能が少ないことがわかります．このうち⑶は第10講（248ページ参照）で扱う内容です．ここでは⑴と⑵を学びます．

▌⑴ **名詞修飾語としてはたらく過去分詞句**

まずは⑴からです．次の文を見てください．

I received a letter <u>written in English</u>.

下線部は，過去分詞形の動詞から始まるまとまりです．この下線部は，次のように書き換えることができます．

I received a letter <u>that/which was written in English</u>.
（私は英語で書かれていた手紙を受け取った）

この文は178ページで見たものです．that は主格の関係代名詞です．そして that 以下は受動態の文です．このように，written in English が that was written in English に書き換えられるということは，次のようにいえるということです．

> 後ろから名詞を修飾する過去分詞句は，次の2つの特徴をもつ関係代名詞節に相当するものである．
> ・関係代名詞が主格である．

> • 関係代名詞以下が受動態の文である.

　この知識は，逆に自分が文を生み出す場合に活かすこともできます．主格の関係代名詞 who, that, which があり，そこから受動態の文が始まる場合は，「関係代名詞＋be動詞」をカットしてしまっていいのです.

　少し練習をしてみましょう．次の２文を，２語少ない文に書き換えてください．和訳もしてください.

　　I know a man who is called "Super Mario."
　　We live in a house that was built in 1970.

カットする語は，who is と that was です．答えは次のようになります.

　　I know a man <u>called "Super Mario."</u>
　　（私は「スーパーマリオ」と呼ばれている男を知っている）
　　We live in a house <u>built in 1970</u>.
　　（私たちは1970年に建てられた家に住んでいる）

下線部が過去分詞句です.

▎(2) 動詞修飾語としてはたらく過去分詞句

　次に，(2)の動詞修飾語としてはたらく例に移ります．すぐに例文を見てみましょう.

Deceived many times, the old man doesn't **trust** anyone now.

（何度も騙されていて／騙されているので，その老人は今や誰も信用していない）

He was **lying**, surrounded by five girls.

（彼は5人の女の子に囲まれて横になっていた）

　下線部は，太字の動詞を修飾します.

　動詞修飾語としてはたらく過去分詞句については，次のことを知ってください.

- 動詞修飾語としてはたらく過去分詞句は，分詞構文の一種である.
- 動詞につなぐ際の訳は，「て・と・ら・ながら・ので・まま・が」から選ぶが，「て」と「ので」の例が多くを占める.
- 「と」「ら」のことも少なくない.

　分詞構文には，ing形から始まるものと，上のような過去分詞形から始まるものがあるのですが，この2つの形は，どのように使い分けるのでしょうか.

　使い分けの基準は，その文の主語が「する側」なのか「される側」なのか，ということです. 上の2文では，主語はそれぞれ the old man と He ですが，the old man は「騙した側」ではなく「騙された側」です. He は「囲んだ側」ではなく「囲まれた側」です.「～される」（あるいは「～されている」）という内容は受動態で表現するのでした

が，分詞構文も同じです．つまり文の主語が「される側」「されている側」である場合は，受動態で用いられる動詞の形である，過去分詞形から始まるまとまりを用いるのです．

ここで，次の文を見てください．これは226ページで示したものです．

Driving his car, he **found** a nice coffee shop.

he は運転をした側であり，運転された側ではありません．だからこそ過去分詞形ではなく，ing形から始まる分詞構文を用いています．

これで〈設問〉**2**の(2)の答えが明らかになります．文の主語である the island は「見られる側」なので，seeing を過去分詞形の seen に変えなくてはならないのです．つまり，文の最初の部分は，Seen from the sky となります．和訳では「見ると」となっているので，「受動態っぽさ」が感じられないのですが，冷静に「する側なのか，それともされる側なのか」を見極めて，過去分詞句を用いなくてはなりません．

ちなみに以前，「英語が大得意」という大学生の集団を相手に英語を教えている方に，「彼らでも苦手な文法項目はありますか？」と尋ねたことがあります．

その方は，即座に「分詞構文．だめですねぇ」とおっしゃいました．225～229ページで見た通り，分詞構文は意味・用法が多く，挿入された形になることもあります．また，ここで学んだ「過去分詞句の分詞構文」もあり，これ

との使い分けもできなければなりません．優秀な大学生でさえ苦手とするのも頷けます．

　最後に，過去分詞句の難しさを，第5講との関連でも説明しておきます．第5講で学んだ通り，私たちは英語の受動態を苦手としています．そして，この事実の反映として，受動態から発展した表現である過去分詞句を使いこなすのは難しいのです．

　大半の動詞の過去分詞形は，過去形と同じ形であり，過去形にまぎれてしまう傾向があります．つまり文の中で過去分詞句に接していても，それだと気づかないことが多いものです（過去形に見えてしまう）．このように，そもそも存在に気づきにくいということもまた，過去分詞句の厄介な点です．

　目立たず，少しマイナーな存在の過去分詞句ですが，受動態の難しさがそのまま反映されてもいる，決して侮ることのできない"強敵"であり，この過去分詞句もまた，to不定詞句のライバルといえる存在なのです．

〈設問〉

❶ 次の英文のうち，誤りのあるものが2つあります．それを指摘し，その下の和訳にふさわしい文に改めてください．

(1) I invited him to have dinner with us.
（私は彼を私たちと一緒に夕食をとるよう誘った）

(2) Tom demanded Meg to clean the room.
（トムはメグにその部屋を掃除するよう要求した）

(3) Tom let Meg to use his car.
（トムはメグに車を使わせてやった）

❷ 次の文を和訳してください．

(1) I got my father to repair my watch.
(2) We asked him to help our daughter.

§1 「SV＋文の内容」の表し方

▍文を求める動詞

第5講で，次のような動詞を学びました．

　　1つの名詞を求める動詞

　　2つの名詞を求める動詞

　　3つの名詞を求める動詞

動詞には，これらに加えて「文を求める動詞」も存在します．これについてはまず，日本語の例を見ましょう．

> 私は今年は阪神が優勝すると
> 私は今年は阪神が優勝することを ┐
> 私は今年は阪神が優勝するということを ┘ ＞信じている．
>
> 私は今年は阪神が優勝すると
> ×私は今年は阪神が優勝することを ┐
> ?私は今年は阪神が優勝するということを ┘ ＞思っている．

ちょっと上の例文からはなれて，「知っている」という動詞について考えてみましょう．たとえば「私は彼の住所を知っている」という文では，知っている対象は「彼の住所」です．すると，この動詞は「2つの名詞を求める動詞」だということになります．

ところが，知っている対象は文の場合もありえます．つまり，たとえば「私は彼が入院していることを知っている」という文では，「知っている」の対象は，1つの名詞ではなく，下線部全体の文内容です．するとこの「知って

いる」という動詞は、「文を求める動詞」でもあるといえます。

　さて、日本語では「文を求める動詞」は、「主語＋求められる文＋動詞」という順序で用いるのですが、文の後ろにどのような言葉を置くかが、動詞によって異なります。たとえば「信じている」の場合は、文の後ろに「と」「ことを」「ということを」の3つを置くことが可能ですが、「思っている」の場合は、通常は「と」を選びます。優勝する球団が阪神だと思っている人が、「私は今年は阪神が優勝することを思っている」とはまずいいませんし、「私は今年は阪神が優勝するということを思っている」と発言することもほとんどないはずです。似た意味の動詞なのに、このような違いがあるのです。

　次の例なども興味深いものです。

　(1) 私は部長が葉巻を愛好しているのを知っている。
　(2) 私は部長が葉巻を愛好していることを知っている。
　(3) 私は部長がジュリーの歌を歌うのを聞いた。
　(4) 私は部長がジュリーの歌を歌うことを聞いた。

「知っている」も「聞いた」も、文の後ろに「のを」と「ことを」の両方を置くことができますが、(1)と(2)では意味のズレがありません。ところが(3)と(4)は意味が違います。どう違うかを考えてみてください。

　(3)は「部長がジュリーの歌を歌うのを私の耳で聞いた」という意味です。歌っている場にいたのです。ところが(4)は「部長がジュリーの歌を歌うという事実を、他の人から

伝え聞いた」という意味です．他者からの伝聞です．

▌母語話者の記憶量の多さ，記憶のたしかさ

　このように，私たちは日本語の「文を求める動詞」のそれぞれについて，「こういう言い方はできるが，こういう言い方はできない」「これもこれも可能だが，意味が違う」という知識をもっています．誰に習ったわけでもないのに，正しく用いることができ，また，正しく意味を解釈できます．

　そしてこれは英語も同じです．次のような事実があるのです．

> - 「文を求める動詞」の用いられ方にはいくつかの型がある．
> - 動詞ごとに，どの型を用いるかが決まっている．
> - ネイティブスピーカーは，どの動詞がどの型で用いられるかについての，緻密で膨大な知識をもっている．

▌英語に関して見えてくる課題

　上のような事実があるので，私たちが英語の「文を求める動詞」が用いられた文を理解できるようになり，また使いこなせるようになるには，次のことを行う必要があります．

- どのような型があるかを知る．
- それぞれの型でどのような動詞が用いられるかを知る．

▌ ＳＶ＋that節

まず，次のことを知ってください．

> 「思う」「考える」「信じる」などの，思考に関する動詞の多くは，「ＳＶ＋that節」という型で用いられる．

具体例を見ましょう．

> I know that he is an actor.
> （私は彼が俳優だということを知っている）
> He thought that Lisa wouldn't help him.
> （彼はリサは自分を助けてくれないだろうと思った）
> My wife believes that I am a taxi driver.
> （妻は私がタクシーの運転手だと信じている）

この that節は第6講で扱いました（152ページ参照）．この that は頻繁に省略されます．つまり，前半のＳＶの後ろに，そのまま文を置いてもいいのです．

▌ ＳＶ＋名詞＋to不定詞句

次に，以下のことを知ってください．

> 相手に行動を促す，という意味をもつ動詞の多くは，「ＳＶ＋名詞＋to不定詞句」という型で用いられる．

compel（強制する）という動詞があります．強制する

とは，「誰かが何かをする」よう強制するということなので，これは「文を求める動詞」です．ただ，この語を用いる場合は，次のような単純な接続はゆるされません．

Jack often compels ＋ Meg cleans his room.
→ Jack often compels Meg cleans his room. …… ×

代わりに，cleans の部分を次のようにします．

Jack often compels ＋ Meg <u>cleans</u> his room.
↓
to不定詞形にする

この結果，次の文が完成します．

Jack often compels <u>Meg</u> to clean his room.
（ジャックはしばしばメグに，彼の部屋の掃除をするよう強制する）

Jack often compels の後ろは，「名詞＋ to不定詞句」という形になりました．to不定詞句は第8講で扱いましたが，上の例はここで初めて扱うパターンです．これの性質については，後ほど詳しく説明します．
類例を見ましょう．

I persuaded <u>Mariko</u> to quit the job.
（私は真理子にその仕事をやめるよう説得した）

His wife encouraged <u>him</u> <u>to eat more</u>.

（彼の妻は彼にもっと食べなさいと勧めた）

We got <u>Kenji</u> <u>to carry a heavy desk</u>.

（私たちは健司に重い机を運んでもらった）

　２番目の文には注意が必要です．<u>he</u> to eat more ではなく <u>him</u> to eat more となっています．ＳＶの後ろに置きたい文の主語が代名詞である場合は，これを目的格にします．

　３番目の文では get が用いられていますが，ＳとＯが上下関係にある場合などは，「してもらう」ではなく「させる」と訳します．

▌ ＳＶ＋名詞＋原形の動詞 …

次に，以下のことを知ってください．

> 「見る」「聞く」「感じる」などの知覚に関する動詞を用いる場合は，「ＳＶ＋名詞＋原形の動詞 …」という型になる．

　知覚に関する動詞の具体例は see, hear, feel などです．これらを「**知覚動詞**」といいます．「ＳＶ（知覚動詞）＋名詞＋原形の動詞 …」の例を見ましょう．

I heard <u>Tom</u> <u>call my name</u>.

（私はトムが私の名前を呼ぶのを聞いた）

We didn't notice <u>him</u> <u>leave the house</u>.

（私たちは彼が家を出るのに気づかなかった）

Akiko saw a dog swim across a river.
（明子は犬が川を泳いで渡るのを見た）

　下線部は動詞から始まるまとまりですが，先頭の動詞が
原形です．この「原形の動詞から始まるまとまり」は，
197ページの**1**です．to不定詞句，ing句，過去分詞句に加
えて，これも準動詞句なのです．この第10講でのみ扱う形
です．
　次のことも知ってください．

以下の動詞も，「**ＳＶ＋名詞＋原形の動詞 …**」という
型で用いられる．
　make（させる）
　have（させる，してもらう）
　let（させてやる，可能にする・作り出す）
　help（助ける）

---

　make, have, let の違いは，大まかにいえば「強制」「依
頼」「許可」です．例文を見ましょう．

Sam made his daughter read the book.
（サムは娘にその本を読ませた）

I had my mother clean my room.
（私は母に自分の部屋の掃除をしてもらった）

Let me use your bicycle.
（君の自転車を使わせてください）

The man helped me push my car.

（その男性は私が車を押すのを手伝ってくれた）

　3番目の文は命令文なので**S**（主語）がありません．
　この「**SV**＋名詞＋原形の動詞 …」で用いられる動詞
は，知覚動詞と make, have, let, help がほぼすべてです．

▌SV＋名詞＋ing句
次の型に入ります．

知覚動詞を用いる場合で，知覚した内容が進行形の文
（述語が「be動詞＋ing形」という形の文）である場
合は，be動詞を削除したうえで，**SV**の後ろに置く．

　まずは以下を見てください．chase は「追いかける」と
いう意味です．

　　Meg saw ＋ A cat was chasing a mouse.

　メグが見た文の内容が進行形です．この場合は，be動
詞を削除したうえで，**SV**に接続します．つまり上の例で
は was を削除します．この結果，次の文が完成します．

　　Meg saw a cat chasing a mouse.
　　（メグはネコがネズミを追いかけているのを見た）

　ing句（下線部）が現れることになります．ing句は第9
講で扱いましたが，上のパターンはここで初登場です．こ

247

の ing 句の性質については，後ほど詳しく説明します．

他の例も見ましょう．

> Can you hear <u>her</u> <u>singing in the hallway</u>?
> （彼女が廊下で歌っているのが聞こえますか）
> I felt <u>my heart</u> <u>beating violently</u>.
> （私は心臓が激しく鼓動しているのを感じた）

keep もこの型で用いられます．例文を見ましょう．

> Lisa kept <u>Tom</u> <u>standing for three hours</u>.
> （リサはトムが立っている状態を3時間キープしてお
> いた → リサはトムを3時間立たせておいた）

▌S V＋名詞＋過去分詞句

最後の型に入ります．次のことを知ってください．

知覚動詞を用いる場合で，知覚した内容が受動態の文
である場合は，be動詞を削除したうえで，S V の後
ろに置く．

まずは以下を見てください．

> I saw ＋ A butterfly was caught by a cat.

見た文の内容が受動態です．この場合は，進行形の場合
と同じように，be動詞を削除したうえで，S V に接続し

ます．すると，次の文が完成します．

> I saw <u>a butterfly</u> <u>caught by a cat</u>.
> （私は蝶がネコに捕らえられるのを見た）

　文中に過去分詞句（下線部）が現れることになります．過去分詞句は第9講で扱いましたが，上のパターンはここで初めて見るものです．これの性質については後ほど述べます．

　他の例も見ましょう．最初の文の attic は「屋根裏」です．

> He heard <u>his name</u> <u>called from the attic</u>.
> （彼は自分の名前が屋根裏から呼ばれるのを聞いた）
> We saw <u>a cat</u> <u>caught in a trap</u>.
> （私たちはネコが罠にかかるのを見た）

keep もこの型で用いられます．例文を見ましょう．

> Bob kept <u>his car</u> <u>covered with a sheet</u>.
> （ボブは彼の車がシートで覆われる状態をキープしておいた → ボブは自分の車をシートで覆われたままにしておいた）

この型については，次のことも知ってください．

---

get, have もこの型で用いられる．この場合は「させる」「してもらう」に加えて，「される」という訳語も

現れる.

　get は245ページで「ＳＶ＋名詞＋to不定詞句」という型で用いられるのを見ました. 訳は「させる」「してもらう」でした. have は246ページで「ＳＶ＋名詞＋原形の動詞 …」という型で用いられるのを見ました. これも訳は「させる」「してもらう」でした.

　これらの語は,「ＳＶ＋名詞＋過去分詞句」でも用いられ, この場合は「される」という訳語が加わります.

　例文を見ましょう. 次の２つのことを考えてください.

　• ＳＶの後ろは, 元がどのような文だったか.
　• 文全体の和訳はどうなるか.

　⑴ I had <u>the watch</u> <u>fixed by my father</u>.
　⑵ I got <u>my hand</u> <u>caught in the door</u>.
　⑶ She finally got <u>the computer</u> <u>started</u>.

ＳＶの後ろに埋め込まれている元の文は次の通りです.

　The watch was fixed by my father.
　（その時計が父に修理された）
　My hand was caught in the door.
　（私の手がドアにはさまれた）
　The computer was started.
　（そのコンピューターが起動された）

影をつけた was は, ＳＶと結合する際に消えます.

　(1)は，「私は，その時計が父に修理されたという状態を
もった」ということです．これをもとに工夫して「私は父
にその時計を直してもらった」と訳します．

　(2)は「私は，手がドアにはさまれたという状態を手に入
れた」という内容です．工夫して「私はドアに手をはさま
れた」とします．

　(3)は，「彼女はついに，そのコンピューターが起動され
たという状態を手に入れた」という意味で，ここから工夫
して「彼女はついにコンピューターを起動させた」と訳し
ます．

§2　第5文型の豊かさ

▌第5文型とは何か

　この第10講では，「文を求める動詞」を用いた場合に，
文全体がどのような型になるのか，という話を扱ってきま
した．ここで，これまでに扱った文の文型について述べて
いきます．まずは，ＳＶの後ろがthat節である場合の文
型を示します．

　I know that he is an actor.
　Ｓ　Ｖ　　　　Ｏ

　これは243ページで見た文ですが，that節はＯです．文
全体は第3文型です．次に，以下を見てください．

(1) His wife encouraged <u>him</u> <u>to eat more</u>.
       S   **V**   **O**   **C**（Ｃが to 不定詞句）

(2) I heard <u>Tom</u> <u>call my name</u>.
  S **V**   **O** **C**（Ｃが原形の動詞から始まるまとまり）

(3) Meg saw <u>a cat</u> <u>chasing a mouse</u>.
   S   **V**   **O**   **C**（Ｃが ing 句）

(4) I saw <u>a butterfly</u> <u>caught by a cat</u>.
  S **V**   **O**   **C**（Ｃが過去分詞句）

以上はすべて「ＳＶＯＣ」，つまり第５文型なのです．
ＳＶの後ろにある文内容のうち，元の文で主語だったものがＯであり，それより後ろの部分がＣです．

第５文型といえば，すでに次のような文を扱いました．

He kept <u>the room</u> <u>clean</u>.　　　＊Ｃが形容詞
（彼は部屋を清潔にしておいた）
Lisa thought <u>the man</u> <u>a genius</u>.　＊Ｃが名詞
（リサはその男を天才だと思った）

これらは第３講で扱った文です．これらについては「Ｏ＝Ｃ」だということを述べました（56ページ参照）．ところが，上の(1)〜(4)ではこのことはあてはまりません．
「Ｏ＝Ｃ」というのは，第５文型のうち，あくまでもＣが名詞，形容詞であるものについてのみあてはまることであり，第５文型の本来的な特徴ではないのです．
では，上の２文と，(1)〜(4)のすべてにあてはまる共通の特徴，つまり**第５文型の本来的な特徴**は何なのでしょうか．

　それは，「OCの部分が文内容である」ということです．
まずは(1)～(4)について，このことを検証しましょう．【　】
で囲まれた部分がOCの部分です．

(1) His wife encouraged【him to eat more】.
　　　　　　　　　　　　→ 元は He ate more. という文
(2) I heard【Tom call my name】.
　　　　　　→ 元は Tom called my name. という文
(3) Meg saw【a cat chasing a mouse】.
　　　　　　　→ 元は A cat was chasing a mouse. とい
　　　　　　　　う文
(4) I saw【a butterfly caught by a cat】.
　　　　　　　→ 元は A butterfly was caught by a cat. とい
　　　　　　　　う文

　(3)と(4)は，Cの前にbe動詞を補う必要がありますが，
いずれも，SVの後ろにあるOCの部分が文内容なのです．
そしてCが名詞，形容詞の文も，Cの前にbe動詞を補え
ば文が成立します．次の通りです．

He kept【the room clean】.
　　　　　→ 元は The room was clean.
Lisa thought【the man a genius】.
　　　　　　　→ 元は The man was a genius.

▌「SV＋that節」と，SVOC（Cが名詞／形容詞）の関係
　上の2文のような，Cが名詞，形容詞である文に関連す

る内容として，次のことを知ってください．

- 「ＳＶ＋that節」という型の文で，that節の内部の
  文が第２文型である場合は，第５文型に書き換え
  られる場合が多い．この際には that と be 動詞を削
  除する．
- 第５文型に書き換える際に，ＯとＣの間に to be ま
  たは as を置かなければならない場合が多い．

具体例を見ましょう．各ペアは，ほぼ同じ意味です．

I thought that he was a great scholar.
（私は彼が偉大な学者だと思った）
→ I thought him (**to be**) a great scholar.
（私は彼を偉大な学者だと思った）

They suspect that he is the murderer.
（彼らは彼が殺人犯だと思っている）
→ They suspect him **to be** the murderer.
（彼らは彼を殺人犯だと思っている）

I acknowledge that her words are true.
（私は彼女がいったことが本当だと認めます）
→ I acknowledge her words **to be** true.
（私は彼女がいったことを本当だと認めます）
I acknowledge her words **as** true.
（私は彼女がいったことを本当だと認めます）

　think を用いて第５文型で表現する場合は，ＯとＣの間に to be はあってもなくてもかまいませんが，suspect を用いるのなら，to be を置くのが通例です．acknowledge の場合は，to be または as を置きます．

　動詞ごとにこのようなことが決まっているのです．したがって，**第５文型で用いる動詞で，Ｃが名詞／形容詞である場合は，動詞ごとに「to be または as を置くべきか否か」を記憶する必要があります．**記憶しておかないと，正しく用いることができないのです．

　第３講の段階では述べなかったのですが，Ｃが名詞／形容詞である第５文型は，実はこのような，面倒きわまりない問題を抱えているのです．

▍「ＳＶ＋文」を表現する型のまとめ

　ではここで，「ＳＶ＋文内容」を表現するためのバリエーションをまとめてみましょう．

第３文型	Ｓ Ｖ that節
第５文型	Ｓ Ｖ Ｏ Ｃ （Ｃが to不定詞句）
	Ｓ Ｖ Ｏ Ｃ （Ｃが原形の動詞 …）
	Ｓ Ｖ Ｏ Ｃ （Ｃが ing句）
	Ｓ Ｖ Ｏ Ｃ （Ｃが過去分詞句）
	Ｓ Ｖ Ｏ （to be／as）Ｃ （Ｃが名詞／形容詞）

　これらの型の文をマスターするためには，まずはそれぞれのパターンを正確に理解する必要があります．

たとえば「ＳＶＯＣ（Ｃがing句）」という型の場合は，ＯＣの部分に進行形の文が埋め込まれているということ，そして埋め込む際には，be動詞が削除されるというメカニズムを理解する必要があります．理解しておかないと，自分が英語を話すときに，ＳＶの後ろに進行形の文をそのまま置いてしまう，というようなことが発生します．

▍暗記の大切さ

ただ，このような文構造の理解は，第５文型を自在に使いこなすために必要な修練の片面にすぎません．もう１つの大切な側面があるのです．

それは，それぞれの型で用いられる動詞の具体例を，確実に記憶するということです．動詞ごとに，どの型で用いられるか，用いられないかが決まっています．１つの型だけで用いられる動詞もあれば，２つ以上の型で用いられる動詞もあります．Ｃが名詞／形容詞である場合は，動詞ごとに to be や as が必要だったりそうでなかったりします．

どのような意味，性質の動詞がどの型で用いられるかについての大まかな傾向はありますが，完全に理屈で割り切れるものではなく，結局のところ「この動詞はこのパターンで用いられる」「これはこのパターンとこのパターンで使われる」というように地道に覚えていくしかありません．

このような複雑で面倒な事実があるのです．そしてこの事実を正面から受け止めて，動詞の用法の暗記に取り組むこと以外に，第５文型を最終的にマスターする方法はありません．ツメの，具体例の暗記という作業があってこそ，理論は真に意味をもつのです．

▌日本語の複雑さ，英語の複雑さ

　上のような話を聞くと，少し滅入（めい）るかもしれません．
「暗記が大好き」などという方はやはり少数です．

　ただここで，この第10講の冒頭で示した日本語の例を思
い出してほしいのです．「今年は阪神が優勝する」という
文と「信じている」を結びつける場合は，「と」「ことを」
「ということを」のすべてが可能ですが，「思っている」に
結びつける場合は，ほぼ「と」のみを選びます．「部長が
ジュリーの歌を歌う」と「聞いた」を結びつける場合，
「のを」を選ぶか，「ことを」を選ぶかによって，文の意味
に違いが生じます．

　私たちは，「こういう結びつけ方は可能」「これは複数の
結びつけ方が可能だが，それぞれで意味が違ってくる」と
いうようなことを，何十，何百の動詞について正確に記憶
しています．しかもこれらの知識には，完全な規則性はあ
りません．法則のようなものも利用せず，着実に記憶を積
み重ねてきたのです．

　小学校や中学校でいっせいに習ったわけでもないのに，
また，確認しあったわけでもないのに，ほぼ完全に同じ，
そして莫大な知識を私たちは共有しています．そしてだか
らこそ，意思疎通が可能になります．ということは，外国
人が日本語での会話に加わりたいのなら，我々がもってい
るこの莫大な知識を，一つひとつ学ばなくてはならないと
いう結論に達します．これは動かしがたい事実なのです．

　これは英語でも同じです．英語のネイティブスピーカー
は，「ＳＶ＋文内容」をどう表現するかについての知識を

共有しています．英語を母語とする世界で生まれ育つ中で，「この動詞はこの型は OK」「この動詞はああいうふうに用いられることはない」というような知識を，明確に意識するかどうかは別として，着実に身につけてきたのです．そしてその蓄積された情報量は膨大です．

　私たちがネイティブスピーカーとのコミュニケーションに参加したいのなら，同じように動詞についての用法を数多く覚えていかなくてはなりません．冷たく厳しい現実のように思えるかもしれません．しかし実は，２つの光明を見出すことができるのです．

▎英和辞典の素晴らしさ

　英語を書いたり話したりする際に，ＳＶの後ろに文内容を置きたいとします．この場合は，255ページで示したように６つの型の候補があり，どれを用いればいいのか迷います．身近に英語の教員やネイティブスピーカーがいれば，尋ねることによって問題は解決しますが，ほとんどの人はそのような状況にはないはずです．

　ところが，皆さんがすでに所持している，あるものが先生の代わりをしてくれるのです．その「あるもの」が何か，想像がつくでしょうか．

　それは英和辞典なのです．これより「文を求める動詞」の用法が，英和辞典でどのように記載されているかを見ていくことにしましょう．

　まずは nag という動詞について考えます．この動詞は「せがむ」という意味です．せがむ以上，「誰かが何かをする」ようせがむのです．「文を求める動詞」だといえます．

さて，この動詞を用いて，「妻は私にその指輪を買って
くれとせがんだ」という文を作ってみましょう．

せがんだ内容が進行形や受動態ではなく，また第2文型
でもないので，次の3つの型ではないということは予想が
つきます．

　　ＳＶＯＣ（Ｃが ing 句）

　　ＳＶＯＣ（Ｃが過去分詞句）

　　ＳＶＯ（to be／as）Ｃ（Ｃが名詞／形容詞）

また，「ＳＶＯＣ（Ｃが原形の動詞 …）」という型で用
いられる動詞は，知覚動詞と make, have, let, help がほぼ
すべてでした（247ページ参照）．すると，この型も除外
されます．

以上から，nag を用いた文は，おそらく次のどちらかの
型になるだろうという予想が立ちます．

　　ＳＶ＋ that節

　　ＳＶＯＣ（Ｃが to不定詞句）

ここまでは，この第10講の内容から類推できることです．

では，どちらが正解でしょうか．英和辞典を引きましょ
う．

たとえば『ジーニアス英和辞典』で nag を引くと，「Ｓ
ＶＯ to do」という表記があります．この表記は「第5文
型で，Ｃが to不定詞形であるパターンで用いられる」と
いう意味です．そして辞書には that節の情報はありません．

以上から，求められる文は次のものだとわかります．

My wife nagged <u>me</u> <u>to buy the ring</u>.

次に order という語を用いて,「ジョンはメグにその部屋を掃除するよう命じた」という意味の文を作ることを考えましょう. この文も, ＳＶの後ろに置きたい文の内容が, 進行形でも受動態でも第2文型でもないので, やはり「ＳＶ that節」または「ＳＶＯＣ（Ｃが to不定詞句）」を用いるのだと予想しながら辞書を引きましょう.

『ジーニアス英和辞典』では「ＳＶＯ to do」と「ＳＶ that節」の両方があります. したがって, 求められる文は次の2つのどちらでもよいことになります.

John ordered <u>Meg</u> to clean the room.
John ordered <u>that</u> Meg (should) clean the room.

この that節については, 次のことを知ってください.

> 「命令」「要求」「提案」などの意味をもつ動詞の後ろに that節を置く場合, 述語を「should ＋Ｖ（原形）」または「Ｖ（原形）」という形にする.

　ここで, 次の3文が正しいものかどうかを検証しましょう. 〈設問〉 **1** です.

(1) I invited him to have dinner with us.
　　（私は彼に私たちと一緒に夕食をとるよう誘った）
(2) Tom demanded Meg to clean the room.
　　（トムはメグにその部屋を掃除するよう要求した）
(3) Tom let Meg to use his car.

（トムはメグに車を使わせてやった）

　英和辞典で invite を引くと，「ＳＶＯ to do」の表記があ
ります．(1)は正しい文です．ちなみに，invite には that節
の表記はないので，次のような文は誤りだということがわ
かります．

　I invited that he (should) have dinner with us.
　…… ✕

　次に demand を引きましょう．「ＳＶＯ to do」は見当
たりませんが，that節の表記はあります．
　すると，(2)は誤った文であり，次のように表現しなけれ
ばならないということがわかります．

　Tom demanded that Meg (should) clean the room.

　(3)は246ページのワクの中に答えがあります．let を第5
文型で用いる場合は，Ｃが原形です．to use を use にしま
す．
　この let のような，Ｃが原形となる動詞は，辞書の表記
はどうなっているでしょうか．『ジーニアス英和辞典』を
引くと「ＳＶＯ do」となっています．原形には to がない
ので，ＳＶＯの後ろは「to do」ではなく「do」と記され
るのです．そのまま「原形」と表記されている辞書もあり
ます．
　なお，第5文型で用いられる動詞で，Ｃが ing句である

ものについては，辞書に「ＳＶＯ doing」「ＳＶＯ 現在分詞」などの表記があります（この doing は「現在分詞」と呼ばれるものなのです）．

　Ｃが過去分詞句であるものについては，「ＳＶＯ done」「ＳＶＯ 過去分詞」などの表記があります．

　なお，ＯとＣの間に to be や as が必要な動詞については，しっかりと英和辞典にその旨の記載がなされています．たとえば『フェイバリット英和辞典』（東京書籍）で acknowledge を引くと，「【acknowledge ＋ 名（A）＋ as ［to be］形［名］】」という表記があります．as または to be が置かれるということが示されているのです．

　〈設問〉 **2** に進みます．以下の２文の和訳です．

　　⑴ I got my father to repair my watch.
　　⑵ We asked him to help our daughter.

　英和辞典で get を引くと，いろいろな意味が記載されているので，get が用いられた文を訳す際には，辞書のどの意味を選べばいいのか迷ってしまいます．しかし，文型や用法の記載に従うことにより，正しい訳語にたどりつけます．

　⑴の文は，get の後ろを見ることによって，この部分に My father repaired my watch. という文が埋め込まれており，文全体は第５文型（Ｃが to不定詞句であるパターン）だと予想がつきます．したがってこの get の訳は，英和辞典の「ＳＶＯ to do」という表記のところのものを選べばいいのだとわかります．

　辞典のこの表記のところには「させる」「してもらう」
という訳があります．父親に「させる」のは不自然なので，
「してもらう」を選んで，「私は父に時計を直してもらっ
た」という和訳が完成します．

　(2)で用いられている動詞askについては，多くの人が
「尋ねる」という意味だけを知っています．ところがこの
訳は，(2)にはふさわしくなさそうです．文全体の型が(1)と
同じなので，askを英和辞典で引き，「**ＳＶＯ to do**」とい
う表記のところを見ましょう．
「頼む」とあります．すると「私たちは彼に娘を助けてく
れるよう頼んだ」という訳が完成します．

　このように，「**ＳＶ＋文内容**」を表現したい場合も，理
解する場合も，英和辞典の記述に頼ることにより，求める
英文や和訳にたどりつくことができるのです．**英和辞典は，
とてつもなく大きな日本の文化遺産なのです．第３講の64
ページ**で，「非５文型」で記述された文法書や英語学習法
を選ぶことの危険性を述べましたが，改めて５文型理論と
それに連動する英和辞典の尊さを認識してください．

▎逆流のない，進歩のみの世界

　見出せるもう１つの光明，それは，この「**ＳＶ＋文内
容**」という項目に限らず，英語学習では，努力したぶんだ
け必ず報われるということです．これが他の稽古事，スポー
ツなどではそうはいきません．たとえば短距離走のタイ
ムを上げようと努力をしても，記録はどこかで頭打ちにな
ります．また加齢とともに必ず数値は後退します．各種の
業務においても，努力が容易に結果に結びつくことはまれ

です.

　ところが, 語学は「進歩あるのみ」の世界です. たしかに私たちは一定年齢をすぎて英語を学び始めたため, ネイティブスピーカーと完全に同じレベルで英語を操れるようになることは, まず見込めません. ところが1つの言語を母語としてマスターしている人は (私たちの場合は, もちろん日本語です), 言語を受け入れる袋のようなものが脳内にできており, その袋は, 自分が投げ込んだ知識と経験を受け取り, 貯め込んでくれるのです. 知識を入れるほどに, そして演習をするほどに, 必ず進歩するのです.

▌ 日本の語学関連書籍のレベルの高さ

　しかも, 私たちの身の回りには, 英語力を高めてくれる素晴らしい教材があふれています. 先ほど, 英和辞典が, 文を生み出す際, 理解する際にいかに大きな武器になってくれるかを確認しましたが, 辞書のみならず, 各種の参考書についても好著, 名著がひしめきあっています. 最後の「講義を終えて」では, 参考書との付き合い方も含めた, 今後の英語学習の指針について述べていきます.

講義を終えて

┃ 4つの課題

　本書を一通り読み終えた今，皆さんは飛躍のための準備が整った状態にあります．では，本書で学んだ知識をもとにして，ここから大きく発展していくためには，どのようなことをすればいいのでしょうか．

　取り組むべきことは，主に次の4つです．

　　(1) 本書の復習
　　(2) 実践力の養成
　　(3) 文法力の強化
　　(4) 単語力の強化

　(1)は要するに本書の再読です．ぜひあと1度は読んでください．以下では(2)〜(4)を説明していきます．

┃ 実践力の養成

　第1講の「オリエンテーション」で述べた通り，本書を読む前の皆さんをたとえると，多くの部品はあるものの，飛べない状態の飛行機，といったところでした．ところが本書の復習を終えれば，とりあえず飛べるようになります．いろいろなところに行けるのです．具体的には，たとえば次のようなことができるようになります．

　　• 英作文の参考書に取り組み，英文の記述力をつける．

- リーディングの参考書に取り組み，読解力をつける.
- 英会話の教本で英文を記憶し，スピーキング力をつける.

英文は，文法規則に厳しく縛られながら存在しています．そして，英作文力，読解力，英会話力など，実際の英語力を養成する際には，英文法の知識が不可欠なのですが，本書の復習を終えれば，英文法のコアの部分の知識が入った状態になっているので，多くの参考書，問題集に挑むことができます．

ここではまず，「英作文」「英文読解」「英会話」に分けて，お薦めしたい書籍をご紹介します．

▌英作文力の強化

英作文は，ぜひ次の書籍を順番にこなしてください．

『英作文講義の実況中継』（大矢復，語学春秋社）
『英文表現力を豊かにする　例解　和文英訳教本《文法矯正編》』（小倉弘，プレイス）

いずれの本も，文法知識をどう英作文に活かすか，という記述に満ちているので，本書を終えた皆さんは「この文法項目知ってる！」「あの知識はこう活かせばいいのか！」というように刺激を受けながら学習を進めることができます．

▌読解力の強化

英文読解については，拙著で恐縮ですが，以下のものに

挑んでいただければ光栄です.

『一生モノの英語リーディングバイブル』(澤井康佑, ベ
　　レ出版)

小説やエッセイとは違い, 大半の参考書は読み進めるの
が簡単ではないのですが, 上掲書は音声講義の助けにより,
最後までナビゲーターとともに読み通せるようになってい
ます.

▌ 会話表現の蓄積

本書の復習を終えれば, いわゆる「英会話本」の例文も,
大半のものが理解できる状態になります. 英会話力をつけ
たい場合は, たとえば次のような書籍に取り組み, 英文を
理解し, どんどん記憶していってください.

『絵で見てパッと言う英会話トレーニング　基礎編』
　　(Nobu Yamada, 学研プラス)
『1日まるごと英語で表現できる!　やさしい英語フレ
　　ーズ2020』(丸山大地著, スティーブン・リッチモン
　　ド監修, 学研プラス)
『ネイティブがよく使う英会話表現ランキング』(小林敏
　　彦, Shawn M. Clankie, 語研)

この3冊は, あくまでも良書の一部にすぎません. 英会
話のフレーズをまとめた書籍については, 優れた本がそれ
こそ山のようにあります. 書店でいろいろと見比べて, 気

に入ったものを選んでください.

　英会話に関しては,「どの書籍を選ぶか」よりも「確実に暗記を実行するか」のほうが, より大きな問題です. 英会話力を上げるためにするべき最大の課題の1つは, 少しでも多くの英文を暗記するということです. 自分が記憶していないものを発することなどできません. 例文を理解したうえで, 何度も口にして, 何度も書いて, 何度も音声を聴く, という作業を繰り返す以外に, 英語の発信力を上げる方法はないのです.

▎文法力の強化

　上述の通り, 本書の復習を終えれば, 飛べる飛行機が手に入った状態になりますが, 完全な機体ではありません. プロペラに錆があったり, ボディにへこみがあったり, 内装はほとんど手つかずだったり, という状態です. つまり, **文法の知識自体も, まだまだ強化する必要があります.**
155ページで少し述べた「構文」をはじめとして, 未習の項目も少なからず残っています. これらを学び, 実践のための土台をいっそう強固なものにしていく必要があります.

　英文法関連の書籍は, 英作文, 英文読解, 英会話の書籍以上に, 読了するのが困難です. 英文法書はいわば理論書です. 理論を読み続けるのはどうしても苦しいのです. 数学の公式集を読むような苦しみがあります. よって, 再び拙著で申し訳ないのですが, 以下の書籍に進んでいただければ光栄です.

　　『一生モノの英文法 COMPLETE　MP3 CD-ROM 付き』

（澤井康佑，ベレ出版）

　これは本書と同様，「読み物としての文法書」であり，また，この書籍にも女性アナウンサーによる音声ナビゲーションがありますので，無理なく最後まで到達することができます．

　そしてそのうえで，ぜひ以下の書籍を読み込んで，「仕上げ」の作業を施してください．

　『表現のための実践ロイヤル英文法』（綿貫陽，マーク・ピーターセン共著，旺文社）

　これは，冒頭から順に読み進めるタイプの英文法書ではなく，辞書的なものです．辞書的なもの，重厚なものは，初学者が読むには不向きなのですが，上掲の『一生モノの英文法 COMPLETE』を読み終えれば，挑む態勢が整います．

　辞書的な書籍には，どの章からでも読めるという大きなメリットがあります．上の『実践ロイヤル』は全部で24章あります．章のタイトルを自分で紙に書き出し，強化したい章，あるいは興味のある章から順に潰してください．そして１章読み終わるごとに，書き出した章のタイトルの横に丸印をつけていってください．ジグソーパズルを完成させていくような喜びとともに，重厚な書籍を我が物としていく感動を味わうことができます．

　なお，上掲２冊を用いた文法力の強化は，先に示した英作文，英文読解，英会話のどの書籍に挑むのであっても，

並行して行ってください．**文法こそが英語力の源です．英文法力はどんなに豊かでも豊かすぎるということはないのです．**

▌単語力の強化

英語力をどう強化するかについては，いろいろな意見があります．いわゆる「単語集」を使ったほうがいいという考えもあれば，実践の中で一つひとつ覚えていけばいい，という考えもあります．また，学習者の好みや立場の違いもありますので，絶対的な正解はないのですが，仮に英単語集を用いるのであれば，「単語だけ」のものではなく，フレーズや例文が記されているものを選んでください．

また，音声 CD が付属のもの，あるいは音声がダウンロードできる書籍を選び，常に音声とともに，そして**常に自らの口で唱え，手で書く**という作業とともに記憶を進めてください．

▌「大人の学習」の良さ

一定の年齢に達している人は，それまでの人生で，いろいろな成功を見聞きしたり，あるいは多少なりとも，自身が何かしらの達成感を味わったりしています．そしてその知識，経験から，成功のための奇跡のような方法はないということ，そしてオーソドックスで地道な努力を休まずにしたたかに続けることが，いかに尊いかを実感していることと思います．

部活や仕事などで後輩を指導する立場にいた方，あるいは目下そのような状況にいる，という方も多いと思います

が，指導の際には，安易な方法を選ぶことや怠惰であることを戒めたはずです．

そしてこのような知識や経験は，そのまま自身の修練に応用できるのです．「タナボタ」のような成功など起こりえないということを知っているからこそ，自分が英語学習において成果を求めるのであれば，一見すると何の変哲もないオーソドックスな努力を，倦まず弛まず続けていくという課題を自分に課すことができるはずです．

第10講で述べた通り，外国語学習は正しい努力の成果が必ず現れる世界，そして「逆流」のない世界です．夢も希望もある世界なのです．それならば，あとは努力あるのみです．先ほど示した指針に従い，まずは本書の復習から始めてください．読者諸氏のご精励とご活躍を心よりお祈りいたします．

* * *

末筆ですが，本書刊行に当たり，阿部修，北川修一の両氏にはたいへんお世話になりました．Jeffrey Chiedo 氏には英文校閲のお手間を頂戴いたしました．記して謝意を表します．

また，長きに亘り開拓社の出版部長を務められた，戦後日本を代表する英語学関連の編集者である山本安彦氏には，第３講の原稿にお目通しいただきました．５文型は20世紀初頭に Onions が提唱したという説が有力ですが，それはあくまでも自国語分析の一環としてのものであり，翻訳の手段としての５文型理論は日本人の独創であるという見解

について,「概<ruby>概<rt>おおむ</rt></ruby>ねそう考えて間違いなかろうと思います」との賛意を頂戴し,意を強くしました.

　昭和30年代初頭より,市河三喜,佐々木髙政,福田陸太郎,安井稔,郡司利男,安藤貞雄各氏のような,日本が生んだ最高峰の英語学者諸氏,そして日本の5文型理論形成にも影響を及ぼしたA. S. Hornby氏といった方々と直接のご交流を重ねられながら,5文型理論確立のプロセスを内側から御覧になってきた山本氏より上記のお言葉をいただいたことに,篤く御礼を申し上げます.

　　令和2年師走吉日

澤井 康佑

巻末補足：過去分詞形について

　動詞の過去分詞形については，まずは次の3つのことを知ってください．
- 原則は，過去形と同じく，-ed が加わった形である．
- 一部の動詞は，上とは異なる不規則な形となる．このような動詞を「不規則変化動詞」という．
- 不規則変化動詞は，過去形と関連づけながら，4パターンに分けることができる．

以下に，その4パターンを示します．

---

[1] 原形，過去形，過去分詞形がすべて同じ形であるもの
　　例 hit〈原形〉— hit〈過去形〉— hit〈過去分詞形〉

[2] 過去形と過去分詞形は同じ形だが，これらが原形とは異なる形であるもの
　　例 build〈原形〉— built〈過去形〉— built〈過去分詞形〉

[3] 過去形と過去分詞形は異なるが，過去分詞形が原形と同じ形であるもの
　　例 come〈原形〉— came〈過去形〉— come〈過去分詞形〉

[4] 原形，過去形，過去分詞形がすべて異なる形であるもの
　　例 eat〈原形〉— ate〈過去形〉— eaten〈過去分詞形〉

不規則変化動詞の過去形と過去分詞形は，英和辞典で確認することができます．

DTP　市川真樹子

澤井康佑（さわい・こうすけ）

1972年，神奈川県生．慶應義塾大学文学部卒業．東進ハイスクールほか，これまで中学・高校，予備校で英語を教える．
主著『よくわかる英語の基本』（開拓社，2010）
　　『一生モノの英文法』（講談社現代新書，2012）
　　『一生モノの英文法COMPLETE』（ベレ出版，2015）
　　『一生モノの英語力を身につけるたったひとつの学習法』（講談社＋α新書，2017）
　　『超基礎がため澤井康佑の英文読解教室』（旺文社，2018）
　　『マンガでカンタン！　中学英語は7日間でやり直せる。』（関谷由香理漫画，学研プラス，2018）

英文法再入門　2021年1月25日初版
中公新書 2628　2021年2月10日再版

著　者　澤井康佑
発行者　松田陽三

JASRAC 出 2010166-102

本文印刷　暁印刷
カバー印刷　大熊整美堂
製　　本　小泉製本

発行所　中央公論新社
〒100-8152
東京都千代田区大手町 1-7-1
電話　販売 03-5299-1730
　　　編集 03-5299-1830
URL http://www.chuko.co.jp/

R 中公新書 1846

言語・文学・エッセイ

j1

433 日本語の個性(改版) 外山滋比古
533 日本の方言地図 徳川宗賢編
2493 日本語を翻訳するということ 牧野成一
500 漢字百話 白川静
2213 漢字再入門 阿辻哲次
1755 部首のはなし 阿辻哲次
2534 漢字の字形 落合淳思
2430 謎の漢字 笹原宏之
2363 外国語を学ぶための言語学の考え方 黒田龍之助
1880 近くて遠い中国語 阿辻哲次
1833 ラテン語の世界 小林標
1971 英語の歴史 寺澤盾
2407 英単語の世界 寺澤盾
1533 英語達人列伝 斎藤兆史
1701 英語達人塾 斎藤兆史

2086 英語の質問箱 里中哲彦
2165 英文法の魅力 里中哲彦
2231 英文法の楽園 里中哲彦
1448 「超」フランス語入門 西永良成
352 日本の名作 小田切進
2556 日本近代文学入門 堀啓子
2427 日本近代文学史 武田徹
2609 日本ノンフィクションを読む─ノンフィクションの名作・問題作 武田徹
563 幼い子の文学 瀬田貞二
2156 源氏物語の結婚 工藤重矩
2585 徒然草 川平敏文
1798 ギリシア神話 西村賀子
2382 シェイクスピア 河合祥一郎
2242 オスカー・ワイルド 宮﨑かすみ
275 マザー・グースの唄 平野敬一
2404 ラテンアメリカ文学入門 寺尾隆吉
1790 批評理論入門 廣野由美子

2628 英文法再入門 澤井康佑